O GERENTE MINUTO em Ação

O Gerente-Minuto, publicado em 1982 tomou o mundo de assalto. Só nos Estados Unidos, mais de um milhão de exemplares foram vendidos e, desde então, o livro foi traduzido em 17 línguas, tornando-se um dos textos mais influentes sobre administração de empresas jamais escrito. No Brasil ele foi editado pela Record em meados de 1983. Agora, o segundo livro desta série pioneira, *O Gerente-Minuto em Ação*, transforma os três segredos da Gerência-Minuto em conhecimentos para uso diário e mostra como eles funcionam em situações da vida real. Indo buscar seus exemplos nas salas de diretoria e linhas de montagem, os autores colocam os conceitos-minuto em sistemas de trabalho que afetam diretamente a linha de lucros e perdas das empresas. Este é o passo seguinte no sistema revolucionário, simples e sem igual, que está mudando a maneira de fazer negócios nos Estados Unidos.

A reação à publicação de *O Gerente-Minuto* foi realmente assombrosa. Na lista dos bestsellers de *The New York Times* durante mais de um ano, o livro tornou-se sucesso também no Japão, a terra da "Teoria Z" e de tantos outros conceitos que estão revolucionando o mundo dos negócios nos albores da era da informática.

Cresce dia a dia a lista de homens e mulheres, executivos de grandes, médias e pequenas empresas, que confessam publicamente que tiraram grandes benefícios da leitura do livro, frisando todos a sua clareza de exposição, a simplicidade do estilo e as fórmulas de fácil memorização que, em poucas páginas, oferecem um mundo de resultados comprovados.

O Gerente-Minuto em Ação é a extensão lógica de *O Gerente-Minuto* e um livro obrigatório para os homens de gerência de qualquer nível.

A BIBLIOTECA DO GERENTE-MINUTO

O GERENTE-MINUTO
O GERENTE-MINUTO EM AÇÃO
O GERENTE-MINUTO MANTÉM A FORMA
O GERENTE-MINUTO DESENVOLVE EQUIPES DE ALTO DESEMPENHO
O GERENTE-MINUTO E A ADMINISTRAÇÃO DO TEMPO
A LIDERANÇA E O GERENTE-MINUTO
A MÃE-MINUTO
O PAI-MINUTO
O PROFESSOR-MINUTO
UM MINUTO PARA MIM
O VENDEDOR-MINUTO

Kenneth Blanchard
Robert Lorber

O GERENTE MINUTO em Ação

9ª EDIÇÃO

Tradução de
RUY JUNGMANN

EDITORA RECORD

CIP-Brasil. Catalogação-na-fonte
Sindicato Nacional dos Editores de Livros, RJ.

	Blanchard, Kenneth H., 1939-
B571g	O gerente minuto em ação / Kenneth Blanchard,
9ª ed.	Robert Lorber ; tradução de Ruy Jungmann. — 9ª ed.
	Rio de Janeiro : Record, 1994.
	(A biblioteca do gerente minuto)
	Tradução de: Putting the one minute manager to work
	ISBN 85-01-02578-X
	1. Administração. I. Lorber, Robert. II. Título. III. Série.
	CDD — 658
94-1481	CDU — 65

Título original norte-americano
PUTTING THE ONE MINUTE MANAGER TO WORK

Impresso no Brasil

ISBN 85-01-02578-X

PEDIDOS PELO REEMBOLSO POSTAL
Caixa Postal 23.052 — Rio de Janeiro, RJ — 20922-970

O Símbolo

O símbolo do Gerente-Minuto — a indicação de um minuto no mostrador de um moderno relógio digital — destina-se a lembrar a todos nós a reservar um minuto em nosso dia para estudar as fisionomias das pessoas que dirigimos. E também a nos fazer compreender que *elas* são os nossos recursos mais importantes.

Sumário

:01 Introdução

No último capítulo de *O Gerente-Minuto**, o jovem brilhante que andava à procura de um gerente eficaz aprendeu os três segredos do Gerente-Minuto. Imediatamente, compreendeu que estes eram as chaves para a administração eficiente.

O jovem aprendeu bem os segredos de Um Minuto porque, no fim, aconteceu o inevitável: Ele se tornou um Gerente-Minuto.

Estabelece objetivos de Um Minuto.

Distribui elogios de Um Minuto.

Faz repreensões de Um Minuto.

Neste segundo episódio de *O Gerente-Minuto*, um executivo veterano pergunta-se se o emprego dos três segredos no dia-a-dia fará realmente uma diferença onde ela é mais importante — no desempenho. Incomodado com a questão, procura obter a resposta com um novo Gerente-Minuto. No processo, aprende como pôr o Gerente-Minuto em ação, de forma sistemática, a fim de obter a perfeição.

Este livro foi escrito com a intenção de ser usado em conjunto com o primeiro. Embora seja um instrumento prático que pode ser usado independentemente, a fim de pôr em uso os três segredos do Gerente-Minuto, ele provavelmente constituirá uma experiência mais valiosa se você leu antes *O Gerente-Minuto*.

---

* Publicado pela Record.

Temos a esperança de que aplique e utilize o que o gerente veterano aprendeu e verifique por si mesmo se isso não faz uma diferença em sua vida e nas vidas dos que trabalham com você.

Kenneth Blanchard, Ph.D.
Robert Lorber, Ph.D.

A Biblioteca do Gerente-Minuto

A reação a *O Gerente-Minuto*, que escrevi em colaboração com Spencer Johnson, M.D., foi assombrosa. Figurar na lista de sucessos de livraria de não-ficção do *The New York Times* por mais de um ano, vender mais de um milhão de exemplares encadernados em todo o mundo e ser traduzido em 16 idiomas constituíram êxitos mais do que gratificantes. As listas de homens e mulheres de grandes empresas e de companhias em rápido crescimento que descobriram e tiraram proveito dos segredos do Gerente-Minuto aumentam diariamente, aos saltos. Nosso objetivo de escrever um livro conciso e fácil de ler para gerentes — um livro que tornasse vivas as ciências do comportamento para todos aqueles que aspiram a influenciar outras pessoas — parece ter sido atingido.

O dado de retroalimentação mais inspirador que recebemos de executivos em atividade foi que a aprendizagem seria muito mais fácil se todos os livros sobre administração fossem escritos no estilo de *O Gerente-Minuto*. Como resultado dessa reação geral, resolvi criar *A BIBLIOTECA DO GERENTE-MINUTO*. Minha intenção é escrever uma série de livros do Gerente-Minuto, em colaboração com alguns dos mais criativos e inovadores pensadores em ciência de administração deste país. Minha esperança é que, algum dia, o gerente que esteja à sua escrivaninha, perguntando-se o que o Gerente-

Minuto teria a dizer sobre tópicos como tomada de decisões, administração do tempo, liderança, a arte de escutar os demais, a delegação de tarefas e responsabilidades, a formação de equipes, a direção de grupos, e a influência ascendente, precise apenas girar a cadeira e puxar da estante um livro do Gerente-Minuto sobre o assunto.

A fim de pôr em prática o conceito da Biblioteca do Gerente-Minuto, associei-me a um dos mais notáveis consultores neste país na área de aumento da produtividade, Robert Lorber, Ph.D. Resolvi trabalhar com Bob porque seu interesse em implementação e acompanhamento corresponde ao meu e ao de minha companhia, a Blanchard Training and Development, Inc. Na verdade, trabalhamos em estreito contato com sua companhia, a RL Lorber and Associates, Inc., a fim de fornecer às empresas os melhores serviços de recursos humanos possíveis. Sob a direção de Bob, nos últimos oito anos programas de aumento de produção, qualidade, segurança, eficiência e melhoramento de desempenho foram iniciados e economizaram milhões de dólares para as companhias que os adotaram, em todo o mundo. Os executivos-chefes de grande número dessas companhias deram seu aval a este livro. Bob Lorber é não só um profissional competente, mas um ser humano de primeiríssima classe. Sinto orgulho de ter trabalhado com ele em *O Gerente-Minuto em Ação*.

—KENNETH H. BLANCHARD, Ph.D.

Para nossas esposas,
Margie e Sandy,
respectivamente, pelo
amor e apoio
constantes durante os
altos e baixos de
nossas vidas.

LOGO que terminou de ler *O Gerente-Minuto*, o gerente veterano pôs o livro sobre a mesinha de café. Recostou-se na poltrona com uma expressão interrogativa no rosto. Lera inicialmente o livro no escritório, mas o trouxera para casa a fim de fazer uma segunda leitura.

"Mesmo depois de uma segunda leitura completa", pensou, "não posso refutar a lógica dos três segredos do Gerente-Minuto. Mas, se os puser em vigor, vou me tornar realmente um gerente mais produtivo?"

O gerente veterano resolveu fazer alguma coisa a respeito de sua dúvida. Na manhã seguinte, telefonaria para um gerente que trabalhava numa cidade, situada a algumas horas de distância, e que, em anos recentes, transformara uma companhia em dificuldades numa empresa muito lucrativa. Lera uma entrevista concedida a um jornal por esse gerente, na qual ele atribuía grande parte de seu sucesso à prática da Gerência-Minuto. Na verdade, ele atualmente se descrevia como um "Gerente-Minuto".

NA MANHÃ seguinte, ao chegar ao escritório, o gerente veterano telefonou para o novo Gerente-Minuto. Apresentou-se e perguntou-lhe se poderia visitá-lo em algum dia daquela semana, a fim de conversarem sobre a Gerência-Minuto. O veterano fora avisado de qual poderia ser a resposta, mas, ainda assim, ficou surpreso quando o Gerente-Minuto respondeu:

— Venha quando quiser, exceto na manhã de quarta-feira. É nesse dia que me reúno com meus principais auxiliares. Para ser honesto, não tenho muita coisa programada para esta semana. Terei muito prazer em conversar com o senhor.

— Passo por aí amanhã pela manhã, por volta das 10 horas — disse o gerente veterano, rindo baixinho consigo mesmo. Ao desligar o telefone, pensou: "Esse encontro deve ser interessante. Tenho certeza de que vou obter resposta às minhas perguntas."

Ao chegar ao escritório do Gerente-Minuto, a secretária lhe disse imediatamente:

— Ele está à sua espera. Pode entrar logo.

Entrando na sala, viu um homem em fins da casa dos 40, de pé, olhando pela janela.

O gerente veterano tossiu baixinho. O Gerente-Minuto ergueu os olhos, sorriu e disse:

— É um prazer conhecê-lo. Vamos nos sentar aqui. — Levou o visitante para um grupo estofado num canto da sala. — Bem, no que é que lhe posso ser útil? — perguntou, sentando-se.

— Eu li *O Gerente-Minuto*, bem como o meu pessoal — começou o gerente veterano. — Neste exato momento, estou entusiasmado. O mesmo acontece com eles, mas isso aconteceu antes, também, ao ser divulgado um novo sistema de administração. Minha pergunta é: como o senhor põe a Gerência-Minuto a funcionar, de maneira a transformar os segredos em habilidades utilizáveis e fazer uma diferença onde eles realmente tenham importância, ou seja, no desempenho?

— Antes de tentar responder a essa pergunta — retrucou o Gerente-Minuto — quero lhe fazer uma outra. Qual, pensa o senhor, é a mensagem contida na Gerência-Minuto?

— Ora, isso é muito simples — disse o gerente veterano. — Se me arranjar uma folha de papel, escrevo isso para o senhor.

O Gerente-Minuto foi até a escrivaninha e voltou com um bloco, que entregou ao gerente veterano. Sem hesitação, ele escreveu:

*

Pessoas que Produzem Bons Resultados

Sentem-se Contentes Consigo Mesmas

*

— Esse aí é um desvio interessante na frase — disse o Gerente-Minuto, indicando com um gesto uma placa que se achava afixada à parede por trás de sua escrivaninha. Dizia: PESSOAS QUE SE SENTEM CONTENTES CONSIGO MESMAS PRODUZEM BONS RESULTADOS. — Por que a mudou?

— Acho que minha versão representa melhor a essência da Gerência-Minuto — insistiu o gerente veterano — e, além de tudo, é mais coerente com o que o senhor ensina.

— Coerente? — perguntou o Gerente-Minuto.

— Sim, senhor — respondeu firme o gerente veterano. — O senhor disse que um dos ingredientes fundamentais do Elogio-Minuto é sua qualidade de ser específico... dizer à pessoa, exatamente, o que ele ou ela fizeram certo.

— Isso é verdade — concordou o Gerente-Minuto.

— Neste caso, os elogios, que fazem com que as pessoas se sintam satisfeitas consigo mesmas, não serão eficazes a menos que essas pessoas tenham, antes, feito alguma coisa positiva — disse sorrindo o gerente veterano, com a impressão de que encurralara o Gerente-Minuto.

— O SENHOR é duro na queda — riu o Gerente-Minuto — e, realmente, apreendeu o espírito da Gerência-Minuto. Acho mesmo que posso aprender algumas coisas com o senhor. Eu gostaria também de compartilhar com o senhor tanto quanto puder.

— Duvido que o senhor aprenda muita coisa comigo — retrucou o gerente veterano. — Sou simplesmente um "guerrilheiro das ruas" que sobreviveu.

— Fica embaraçado ao receber um elogio, hã? — disse pensativo o Gerente-Minuto. — A maioria das pessoas não consegue aceitar bem um elogio.

— Acho que isso acontece porque nunca fomos muito treinados para receber elogios — explicou o gerente veterano. — E não é fácil fazer uma coisa com a qual não estamos acostumados, mesmo se acreditamos nela.

— Certo — concordou o Gerente-Minuto. — Uma das razões por que é difícil implementar a Gerência-Minuto é que as pessoas terão que mudar parte de seu velho comportamento. E reconhecer a importância de focalizar as maneiras como as pessoas se tratam reciprocamente nas empresas, e mudá-las, é algo que se faz apenas da boca para fora. A maioria dos altos executivos pensa que treinamento em administração é apenas um benefício adicional, um presentinho supérfluo que podem dar aos empregados todos os anos. É por esse motivo que mantenho aquela placa na parede — acrescentou, mostrando com um gesto uma placa no outro lado da sala. Dizia ela:

*

A Maioria das Companhias Passa Todo Seu Tempo Procurando Outro Conceito de Administração

e

Pouquíssimo Tempo Seguindo Aquele que Acaba de Ensinar a Seus Gerentes

*

— Como isso é verdade! — comentou o gerente veterano. — E as pessoas fazem a mesma coisa. Estão sempre à procura de uma nova maneira rápida de fazer as coisas, em vez de usarem o que já aprenderam. Passam de uma dieta à outra, de um plano de exercícios físicos a outro, sem ter cumprido o último programa.

— E depois se espantam porque não perdem peso nem fortificam o coração — comentou o Gerente-Minuto. — Isso me lembra a história do homem que escorregou e caiu num precipício, enquanto escalava a encosta de uma montanha. Por sorte, na queda, ele conseguiu agarrar-se a um galho de árvore. Segurando-se com unhas e dentes, olhou para baixo e viu um vale rochoso a uns 150 metros abaixo. Olhando para cima, notou que estava a apenas uns quatro metros do rochedo de onde caíra. Em pânico, gritou:

"— Socorro! Socorro! Há alguém aí em cima? Socorro!

"Ouviu em resposta uma voz trovejante:

"— Estou aqui e o salvarei, se acreditar em mim.

"— Acredito! Acredito! — gritou a vítima.

"— Se acredita em mim — continuou a voz — solte o galho e eu o salvarei.

"O jovem, ouvindo o que a voz dissera, olhou novamente para baixo. Vendo o vale rochoso que se escancarava a seus pés, olhou novamente para cima e berrou:

"— Há mais alguém aí em cima?

— Essa é boa — riu o gerente veterano. — E é exatamente o que eu não quero fazer: agarrar-me ao ramo e continuar a procurar outro sistema. A Gerência-Minuto é a maneira como quero dirigir e ser dirigido. Tudo o que quero saber é como colocá-la em prática, de modo que dure e produza resultados.

— Neste caso, o senhor veio ao lugar certo — disse o Gerente-Minuto. — Que problemas tem encontrado ao utilizar os três segredos?

— Acho que a principal dificuldade que enfrento — explicou o gerente veterano — é o de transformar os segredos em habilidades. Isto é, saber quando fazer o quê. Por exemplo, acho que, às vezes, repreendo quando devia estar estabelecendo objetivos e, em outras ocasiões, estabeleço objetivos quando devia estar repreendendo.

— Eu tive o mesmo problema — consolou-o o Gerente-Minuto — até que aprendi meu ABC.

— Sei que o senhor não está falando do ABC dos dias de escola primária — disse o veterano. — Neste caso, o que quer dizer com isso?

— NÃO, não estou me referindo ao alfabeto, mas o ABC é uma maneira de voltar aos rudimentos. Ajudou esta empresa a fazer a transição dos segredos para as habilidades. Conhecíamos os três segredos da Gerência-Minuto e estávamos realmente entusiasmados, mas eles não exerceram influência significativa até que aprendemos o ABC da gerência — continuou o Gerente-Minuto. Virando-se para um quadro-negro na parede do escritório, escreveu:

A	=	Ativadores
B	=	Bom Comportamento
C	=	Conseqüências

Em seguida, iniciou a explicação:

— *A* significa *ativadores*. Ativadores são coisas que têm de ser feitas por um gerente, antes que ele possa esperar que alguém atinja um objetivo. *B* significa *bom comportamento*, ou bom desempenho. Isso é o que a pessoa diz ou faz. *C* significa *conseqüências*, ou o que o gerente faz depois que alguém atinge ou tenta atingir um objetivo. Se os gerentes puderem compreender e propiciar os necessários ativadores (A) e conseqüências (C), eles poderão obter comportamento (B) mais produtivo, ou bom desempenho.

— De modo que aprender o ABC é fundamental para obter bom desempenho — disse o veterano.

— Certamente que sim — confirmou o Gerente-Minuto. — Numerosas companhias compreenderam que podem obter grande melhoramento do desempenho de seu pessoal adotando e fazendo com que seus gerentes utilizem realmente o ABC e outras estratégias de implementação que vou ensinar ao senhor.

— Pode me dizer mais alguma coisa sobre elas? — perguntou o veterano.

— Acho que o interessante a respeito dessas companhias — disse o Gerente-Minuto — é que elas fazem parte de uma grande variedade de ramos de negócios e indústrias, mas em todos os casos obtiveram-se melhoramentos fundamentais, afetando a produtividade (qualidade e quantidade), a segurança, a retenção de pessoal, as vendas, os custos e os lucros.

— O senhor despertou meu interesse — disse o gerente veterano. — Acho que é melhor eu aprender um pouco mais a respeito do ABC, se quero pôr em prática a Gerência-Minuto e obter o mesmo progresso.

— Por que não vai conversar com um de meus funcionários, Tom Connelly? — sugeriu o Gerente-Minuto. — Ele aumentou a retenção de pessoal e conseguiu apefeiçoar o desempenho de um de nossos departamentos. Ele pode lhe dizer tudo a respeito do ABC.

— Terei muito prazer em conversar com ele — concordou o gerente veterano. — Mas, antes que o senhor telefone para ele, quero lhe fazer mais uma pergunta. O senhor fala sempre em grupos de três coisas? Em primeiro lugar, três segredos. Agora, o ABC, ou três letras.

— Nem sempre — sorriu o Gerente-Minuto. — Mas acredito no método FOTOS: Faça o Troço Óbvio e Simples. Não acho que pessoas possam lembrar-se de um monte de coisas, especialmente se vão usar o que aprenderam.

— FOTOS não significa habitualmente Faça o Tópico Simples, Simplório? — perguntou o gerente veterano, curioso.

— De fato — reconheceu o Gerente-Minuto. — Mas, em nosso caso, uma vez que a Gerência-Minuto é um método positivo de dirigir pessoas, utilizamos uma maneira positiva de expressar o conceito.

— Eu sabia que teria uma boa explicação — riu o veterano. — Estou ansioso para conhecer Connelly.

O Gerente-Minuto discou um número e disse:

— Tom, estou aqui com um gerente experiente, que quer aprender o nosso ABC. Você está desocupado agora?

Embora o veterano não pudesse ouvir tudo com clareza, sorriu quando lhe pareceu escutar Connely dizer:

— Diga a ele para vir. Acabo de voltar. Estive circulando por aí, observando meu pessoal fazer as coisas certas.

— Volte quando acabar sua conversa com Tom — disse o Gerente-Minuto, levando o veterano até a porta.

— Pode ficar certo que volto! — exclamou o gerente veterano. — Obrigado pelo tempo que me concedeu.

AO CHEGAR ao escritório de Connelly, o veterano encontrou um homem elegantemente vestido, em meados da casa dos 40.

Logo que Connelly se levantou e se apresentou, o gerente foi direto ao assunto:

— Seu chefe me disse que o senhor poderia me dar todas as dicas sobre o ABC da gerência.

— Pelo menos, posso tentar — disse Connelly. — Vou começar mostrando-lhe este sumário, que usamos para que todos se lembrem de seu ABC. — E entregou um gráfico ao gerente veterano.

O ABC da Gerência: Um Sumário

O termo:

A	B	C
ATIVADOR	BOM COMPORTAMENTO	CONSEQÜÊNCIA

O que significa:

A	B	C
O que o gerente faz *antes* do desempenho	Desempenho: O que alguém diz ou faz	O que o gerente faz *após* o desempenho

Exemplos:

A	B	C
Estabelecimento de Objetivos-Minuto • Áreas de responsabilidade • Padrões de desempenho • Instruções	• Escreve relatórios • Vende produtos • É pontual • Perde prazos • Datilografa cartas • Comete erros • Atende a encomendas (Pedidos)	**Elogios-Minuto** • Imediato, específico • Compartilha sentimentos **Repreensões-Minuto** • Imediatas, específicas • Compartilha sentimentos • Apóia o indivíduo **Nenhuma reação**

O gerente veterano leu atento o gráfico. Ao terminar, ergueu a vista, sorriu e disse:

— Pelo que estou vendo, o estabelecimento de Objetivos-Minuto é um ativador.

— Exatamente — concordou Connelly. — Um ativador é como uma parada "no escuro" num jogo de pôquer. Põe as coisas em movimento.

— Se o estabelecimento de objetivos é um ativador — sugeriu o veterano — o gerente não entra no jogo da gerência a menos que seu pessoal esteja bem informado de suas áreas de responsabilidade (prestação de contas) e sobre o que é o bom desempenho nessas áreas (padrões de desempenho).

— Esse o motivo por que o estabelecimento de objetivos é o ativador mais importante que os gerentes devem ter em mente — concordou Connelly. — Ele inicia todo o processo de gerência.

— Parece válido — disse o gerente veterano. — Uma vez ativadas, as pessoas ficam prontas para cumprir suas tarefas.

— Certamente que sim — confirmou Connelly. — É esse desempenho que os gerentes precisavam fiscalizar. Uma vez se peça a alguém que faça alguma coisa, o que ele diz ou faz enquanto tenta desincumbir-se da desejada tarefa é o seu desempenho, ou comportamento... o *B* do ABC.

— O que as pessoas pensam ou sentem é considerado também como comportamento? — perguntou o gerente veterano.

— Não — esclareceu Connelly. — Embora pensamentos e sentimentos sejam importantes, uma vez que freqüentemente determinam o que as pessoas fazem, não são considerados como comportamento porque ocorrem no íntimo do indivíduo.

— Em outras palavras — concluiu o veterano — não podemos vê-los.

— Exato — confirmou Connelly. — Logo que passamos a tratar de pensamentos e sentimentos, surgem oportunidades para uma série de complicações e incompreensões. Se nos atemos ao comportamento, as coisas tornam-se mais claras, uma vez que o comportamento pode ser observado e medido. Como o senhor pode ver no gráfico, redigir um relatório, vender um produto, chegar para o trabalho dentro do horário, perder um prazo, datilografar uma carta, cometer um erro, e despachar um pedido são, sem exceção, tipos de comportamento.

— À vista dessa lista, parece que o comportamento pode ser desejável ou indesejável — comentou o visitante.

— Certo — disse Connelly. — E a facilidade com que se pode distinguir entre os dois depende do processo de estabelecimento de objetivos. Compreenda, se o estabelecimento de Objetivos-Minuto for feito corretamente, o desempenho desejado é descrito em termos comportamentais... isto é, ele pode ser visto (observado) e contado (medido). Isto é importante porque, quando observamos o comportamento de alguém, queremos verificar se o mesmo está contribuindo para o atingimento do objetivo (se ele está fazendo certo as coisas) ou se desviando do objetivo (fazendo errado as coisas). Isso nos dá uma idéia de como reagir, como chefe dessa pessoa.

— Reagir? — perguntou o gerente veterano.

— O reagir está diretamente vinculado às

conseqüências — explicou Connelly. — O *C* em nosso ABC. Trata-se das reações dos gerentes às pessoas, quando elas desempenham ou tentam desempenhar uma tarefa. As conseqüências se seguem ou ocorrem após um certo desempenho.

— Elogios-Minuto e Repreensões-Minuto são obviamente conseqüências — aventurou o gerente veterano.

— O Elogio-Minuto constitui exemplo de uma conseqüência ou reação positiva — disse Connelly — enquanto a Repreensão-Minuto é um caso de reação negativa. Quer seja positiva ou negativa, a conseqüência precisa ser apropriada.

— Apropriada? — estranhou o visitante.

— Se queremos que uma pessoa deixe de fazer alguma coisa, dirigimos a ela uma reação negativa, como a Repreensão-Minuto — continuou Connelly. — Mas se queremos que continue a fazer algo, ou melhore o que está fazendo, ou ainda aprenda alguma coisa nova, endereçamos a ela uma reação positiva, como o Elogio-Minuto.

— Acho que nem sempre é fácil empregar apropriadamente elogios e repreensões — opinou o gerente veterano.

— Claro que não é — concordou Connelly. — Um dos problemas é que, aparentemente, muitos gerentes elogiam ou repreendem seu pessoal, dependendo da maneira como se sentem num determinado dia, ignorando o desempenho do indivíduo. Se estão se sentindo bem, distribuem palmadinhas nas costas de todo mundo; se estão mal-humorados, soltam os cachorros contra Deus e o mundo.

— Eu pensaria que se gerentes começassem a agir assim, isto é, elogiando e repreendendo indiscriminadamente, a credibilidade deles seria logo posta em dúvida — disse o gerente veterano.

— Bom argumento — comentou Connelly. — O que me lembra da história do cego que descia uma rua em companhia de seu cão-guia. Chegam a uma esquina e, enquanto esperam que o sinal mude, o cão levanta a perna e faz xixi na perna da calça do cego. Logo que isso acontece, o cego enfia a mão no bolso e tira um biscoito de cachorro. Curva-se e parece que vai dar o biscoito ao cão. Um transeunte que presenciou toda a cena não consegue se conter. Aproxima-se do cego e diz: "Senhor, isto provavelmente não é de minha conta, mas notei que seu cão fez xixi em suas calças e agora parece que o senhor vai dar-lhe uma guloseima. O senhor pensa que isso é realmente uma boa idéia?" O cego sorriu e respondeu: "Eu não vou dar uma guloseima ao meu cão. Quero simplesmente descobrir onde está a cabeça dele, para lhe dar um pontapé no traseiro."

— Essa é boa — riu o veterano. — Quando pessoas trabalham com um gerente imprevisível, isto os confunde. Se o cego desse uma guloseima ao cão por um comportamento impróprio como aquele e berrasse com ele quando ele nada fizesse de errado, o cão logo ficaria confuso e não saberia o que fazer. Eu vi em empresas confusões como essa. Por isso mesmo, será melhor para mim compreender bem essa questão de conseqüências.

— É uma boa idéia — concordou Connelly.

— Como eu disse ao Gerente-Minuto — continuou o veterano — meu problema é mais o de saber quando repreender e quando estabelecer objetivos do que qualquer dificuldade entre repreender e elogiar. O senhor tem alguma sugestão no particular?

— Tenho — disse Connelly. — Lembre-se, o senhor só pode repreender eficazmente pessoas competentes porque, neste caso, pode concluir a retroalimentação negativa com um elogio, como o seguinte: "Você é um de meus melhores funcionários... Este desempenho recente é tão diferente de seu habitual." O senhor não pode fazer isso com uma pessoa que está aprendendo a desempenhar uma tarefa e, por conseguinte, não dispõe de uma história de bom desempenho passado.

— Neste caso, o que faria o senhor quando pessoas que estão em processo de aprendizagem cometem erros? — quis saber o veterano.

— Eu voltaria ao estabelecimento de objetivos e jogaria "no escuro" novamente. O senhor pode sumariar a coisa da seguinte maneira — continuou Connelly, escrevendo no bloco:

Quando Restabelecer Objetivos e Quando Repreender

Se uma pessoa:	
NÃO CONSEGUE fazer alguma coisa *(Um problema de treinamento)*	→ Restabeleça o Objetivo

Se uma pessoa:	
NÃO QUER fazer alguma coisa *(Um problema de atitude)*	→ Repreenda

— Esse esclarecimento foi muito útil — reconheceu o veterano. — De forma que o senhor nunca repreende pessoas que estão aprendendo.

— Não — confirmou Connelly — ou as imobilizaríamos e as tornaríamos ainda mais inseguras.

— Assim, as repreensões jamais ensinam habilidades — observou o gerente veterano. — Elas podem simplesmente mudar atitudes — conseguir que pessoas hábeis voltem a usar suas habilidades.

— Exatamente — concordou Connelly. — Mas depois que restabelece os objetivos para a pessoa que está treinando, o senhor não a deixa sozinha. Observa-lhe o desempenho, elogia o progresso ou volta, mais uma vez, ao estabelecimento de objetivos.

— Pelo que o senhor está dizendo — comentou o veterano — parece que há cinco passos a fim de treinar um aprendiz para que se torne um bom executor:

1. *Dizer* (o que fazer)

2. *Mostrar* (como fazer)

Em seguida

3. *Deixar* a pessoa tentar

4. *Observar* o desempenho

E...

5. *Elogiar* o progresso
ou
Redirecionar

— O senhor pegou o jeito da coisa — elogiou-o Connelly. — Foi um bom sumário esse que fez sobre como treinar uma pessoa.

— Mas o que acontece se continuamos a reorientar repetidamente nosso pessoal e ele simplesmente não faz progresso algum? — quis saber o gerente veterano.

— O senhor fala com essa pessoa sobre escolha de carreira — riu Connelly. — Em outras palavras, ele, ou ela, talvez não esteja no emprego certo.

— Dada a importância da reorientação no treinamento — estranhou o veterano — por que o senhor não a listou como conseqüência no gráfico do ABC?

— Boa pergunta, essa — concordou Connelly. — Ouvi dizer que o senhor era esperto. A reorientação certamente se segue ao comportamento. Mas nunca a considerei como uma conseqüência. Vou ter que acrescentá-la ao gráfico.

— Mas estou vendo no gráfico — lembrou o veterano — que o senhor menciona "nenhuma reação" como uma conseqüência.

— Ela é a mais popular, no caso de gerentes americanos — disse Connelly. — Com grande freqüência, gerentes simplesmente ignoram o desempenho de seu pessoal e o sistema não funciona.

— O que é que o senhor quer dizer com isso? — indagou o veterano.

— O que aconteceria se o senhor não obtivesse reação alguma, após desincumbir-se de uma tarefa? — perguntou Connelly. — Seu gerente nem fez nem disse coisa alguma.

— No começo, eu procuraria esforçar-me mais — sugeriu o veterano. — Eu pensaria que, se desse ainda mais "duro", o gerente talvez notasse.

— E se seu chefe nem notasse nem reagisse? — perguntou Connelly.

— Depois de algum tempo, eu começaria a trabalhar em "meia trava" — sorriu o veterano, adotando o linguajar coloquial que o Gerente-Minuto e seu pessoal pareciam apreciar. — Uma vez que ninguém parecia importar-se se eu fazia isto ou aquilo, por que me matar?

— A menos que o senhor estivesse fazendo alguma coisa que o motivasse em si e por si mesma — lembrou Connelly.

— Se isso ocorresse, a pessoa ficaria confusa com a diferença entre trabalho e divertimento — sugeriu o gerente veterano.

— Essa é uma boa maneira de encarar a situação — concordou Connelly. — Se no trabalho a pessoa faz o que gosta, continuará a trabalhar bem, pouco importando se alguém nota ou lhe dá uma palmadinha nas costas. Mas, de modo geral, a falta de reação a um bom desempenho, como a conseqüência negativa, tende a reduzir a possibilidade de que esse desempenho seja repetido.

— Deixe-me ver se entendi bem tudo isso — disse o veterano, mostrando a Connelly suas notas:

*

Só as Conseqüências Positivas

Encorajam Bom Desempenho Futuro

*

— Esse é o sumário — concordou Connelly — mas, ainda assim, quais são as reações mais freqüentes dos gerentes ao desempenho de seus funcionários?

— Negativas, ou nenhuma, absolutamente — disse o gerente veterano. — Como nós dois sabemos muito bem, o estilo americano de gerência parece ser o seguinte: quando pessoas trabalham bem, seus gerentes nada fazem. Quando cometem um erro, caem em cima delas.

— É a velha técnica do "ignorar-malhar" — lembrou Connelly com um sorriso. — Não muito eficiente para motivar pessoas.

— Mas um hábito muito fácil de adquirir — lembrou o gerente veterano. — Eu mesmo fui vítima dele. Compreendo agora que se quero gerenciar pessoas, preciso aprender melhor a gerenciar conseqüências.

— É importante compreender bem essa lição — concordou Connelly. — A maioria das pessoas pensa que os ativadores exercem maior influência sobre o desempenho do que as conseqüências. Não obstante, apenas de 15 a 25 por cento do que influencia o desempenho têm origem em motivadores, como o estabelecimento de objetivos, enquanto que de 75 a 85 por cento derivam de conseqüências, tais como elogios e repreensões.

— O senhor está dizendo que aquilo que acontece depois que uma pessoa faz alguma coisa produz mais impacto do que o que aconteceu antes? — perguntou o veterano, descrente.

— Isso mesmo — garantiu-lhe Connelly. — O desempenho é regido principalmente pelas conseqüências. Esse o motivo pelo qual o Gerente-Minuto é tão categórico sobre a importância do acompanhamento. Acreditamos que devemos empregar 10 vezes mais tempo acompanhando o treinamento em gerência que o tempo que levou para planejar e implementar o programa inicial. A não ser assim, as pessoas reverterão logo ao velho comportamento.

— Sim, mas, para começar, se o senhor não estabelecer os objetivos, são pequenas as chances de que as pessoas façam aquilo que o senhor quer — aparteou-o o veterano.

— Certo — admitiu Connelly. — Mas todo o estabelecimento de objetivos neste mundo, desde que desacompanhado da verificação das conseqüências... o elogio ou a repreensão do desempenho, conforme o caso... conseguirá apenas pôr as coisas em movimento e trazer sucessos de curto prazo para o gerente. Em outras palavras, gerentes conseguem o desempenho que querem apenas quando estão presentes, mas, logo que se ausentam, as pessoas poderão ter ou não o comportamento que ele deseja. Nós temos um ditado que enfatiza a importância de verificar as conseqüências — disse Connelly, apontando para uma placa na parede.

*

Como Gerente,
o Importante Não É o que
Acontece Quando Você Está

Mas
o que Acontece Quando Você
Não Está

*

— Como isso é verdade! — exclamou o veterano. — Posso sempre conseguir das pessoas o desempenho que quero, mesmo de meus filhos em casa, quando estou presente. Mas não posso estar, o tempo todo. Na verdade, penso que passo tanto tempo, se não mais, trabalhando com meus colegas (no mesmo nível na empresa) e com meu chefe, como com meus subordinados.

— De forma que a maneira como o senhor pode realmente avaliar se é um bom gerente — disse Connelly — não é pelo que acontece quando está presente, mas quando não está. E o segredo de conseguir bom desempenho de seu pessoal quando *não* está presente depende da eficácia com que distribui as conseqüências quando *está*... tanto sob a forma de elogios como de repreensões.

— Tornou-se claro para mim agora — disse o gerente veterano — o que o senhor tinha em mente quando disse que ativadores são importantes para dar início a bons desempenhos, conseguir que algo seja feito pela primeira vez. Mas o que realmente determina e influencia se o desempenho desejado será repetido na ausência do gerente é o que acontece após o desempenho inicial. O método do "ignorar-malhar" simplesmente frustra e aliena o pessoal.

— Toda a finalidade de ensinar o ABC à nossa gente — explicou Connelly — visa a garantir que ela escalone o Objetivo-Minuto, o Elogio-Minuto e a Repreensão-Minuto na devida ordem. Trata-se de um lembrete comportamental.

— O senhor certamente me demonstrou com-começar a transformar segredos em perícias — disse o veterano. — Acho que nunca mais esquecerei quando devo fazer uma coisa ou outra. Mas gostaria de lhe fazer mais uma pergunta. O senhor esteve enfatizando a importância da fixação de objetivos claros, seguido de Elogios-Minutos por bom desempenho. Mas não peguei bem a idéia do uso eficaz das Repreensões-Minuto. Estivemos falando apenas do mau uso das repreensões. Poderíamos discutir novamente alguns dos empregos positivos das repreensões?

— Talvez seja melhor o senhor conversar com o Gerente-Minuto sobre o uso eficaz das Repreensões-Minuto — respondeu Connelly. — Ele adora ensinar esse segredo e, além do mais, responderia com prazer a quaisquer perguntas que o senhor tenha a fazer também sobre os Objetivos-Minuto e Repreensões-Minuto.

— Boa idéia — concordou o gerente veterano. — Não há dúvida de que já tomei muito de seu tempo.

— Tudo bem — disse Connelly. — Gostei de nossa conversa. Além do mais, conhecer meu ABC realmente me ajuda a dispor de um bocado de tempo livre.

— Tomara que isso faça a mesma coisa por mim — suspirou o veterano.

AO DEIXAR o escritório de Connelly, o gerente veterano tinha a mente num turbilhão. Connelly fora extremamente prestativo. Ao chegar ao gabinete do Gerente-Minuto, foi recebido pela sorridente secretária, que lhe perguntou:

— Teve uma boa conversa com Tom Connelly?

— Claro que tive — respondeu o veterano, retribuindo-lhe o sorriso. — Posso falar com o chefe?

— Pode entrar logo — retrucou ela. — Ele estava se perguntando se o senhor voltaria.

Entrando no gabinete, o veterano encontrou o Gerente-Minuto olhando pela sua janela favorita. Virando-se ao ouvir a chegada do visitante, disse ele:

— O senhor passou um bocado de tempo com Connelly. Vocês devem ter-se dado muito bem.

— Foi uma conversa muito útil — confirmou o veterano. — Mas tenho algumas dúvidas a respeito do emprego de repreensões — continuou. — Ao me ensinar o ABC, Connelly aparentemente frisou a importância dos elogios, mas não deu destaque ao uso de repreensões. Sei que o senhor acredita na necessidade de, às vezes, chamar o empregado às falas. Talvez eu precise apenas de um pouco de reorientação.

— Talvez a melhor maneira de eu responder às suas dúvidas sobre repreensões — respondeu o Gerente-Minuto — seja começar por falar em dirigir vencedores, pessoas com retrospecto comprovado nas pistas. É fácil supervisionar vencedores. Tudo que temos que fazer é delinear os Objetivos-Minuto e eles partem a toda.

— Isso está de acordo com minha experiência — concordou o gerente veterano. — Embora, de vez em quando, todas as pessoas gostem de uma palmadinha no ombro, não precisamos elogiar muito os vencedores. Geralmente, eles mesmos se premiam com essa palmadinha congratulatória. Além disso, não os elogiando muito, também não temos que repreendê-los com freqüência, certo?

— Não, não temos! — confirmou o Gerente-Minuto. — Os bons executores são em geral auto-compensadores. Se cometem um erro, corrigem-no antes que alguém mais o note.

— Mas, ocasionalmente, todas as pessoas cometem erros que não notam — lembrou o gerente veterano.

— Nesse caso, o senhor talvez tenha que repreender — disse o Gerente-Minuto. — Contudo, se conhecem os três segredos, os bons executores não ficam ofendidos, dada a maneira como fazemos a repreensão.

— Suponho que o senhor esteja se referindo a encerrar a repreensão com um elogio — comentou o veterano.

— Exatamente — disse o Gerente-Minuto.

— Connelly esclareceu-me o motivo por que o senhor não repreende a pessoa que está em fase de aprendizagem, mas ainda não compreendo bem por que elogia alguém ao fim da repreensão — continuou o gerente veterano.

— Lembre-se, só repreendemos quando sabemos que a pessoa pode fazer algo melhor do que fez — explicou o Gerente-Minuto. — Quando nos afastamos de uma pessoa após uma repreensão, queremos que elas fiquem pensando no que fizeram de errado, não na maneira como a tratamos.

— Não entendi bem — disse o veterano, hesitante.

— DEIXE-ME ver se posso explicar a situação da maneira seguinte — recomeçou o Gerente-Minuto. — A maioria das pessoas não só não termina suas repreensões com um elogio, mas faz uma observação de despedida: "Se você pensa que vai ser promovido, tire essa idéia da cabeça." Bem, quando você se afasta do empregado, e especialmente se houver um colega dele por perto, o que o senhor acha que eles vão ficar conversando: sobre como o senhor tratou a pessoa que repreendeu ou sobre o que ela fez de errado?

— Como tratou a pessoa — opinou o gerente veterano.

— Exatamente — disse o Gerente-Minuto. — Conversarão sobre o mau-caráter que você é. Ainda que a tal pessoa tenha feito realmente algo de errado. Se termina a repreensão com um elogio, o senhor está na verdade dizendo à pessoa: "Você é legal, mas seu comportamento não é." Quando se afasta, a pessoa pensa no que fez de errado. Se, por alguma razão, ela tentar espinafrá-lo na frente dos colegas, eles a interromperão, dizendo: "Por que essa agitação toda? Ele disse que você é um dos melhores funcionários. Simplesmente, não quer que você cometa novamente o mesmo erro."

— Acho que entendo agora o que está dizendo a respeito de terminar uma repreensão com um elogio — disse o gerente veterano. — Veja aqui se este é um bom comentário resumido de suas palavras. — E mostrou suas notas ao Gerente-Minuto. Diziam elas:

*

Quando Você Termina Uma Repreensão com um Elogio,

as Pessoas Pensam no Comportamento Delas, *Não no* Seu *Comportamento*

*

— Muito bem resumido — disse o Gerente-Minuto. — Lembro-me de uma experiência pessoal que corrobora seu ponto de vista. Certa noite de sexta-feira, minha mulher entrou em meu gabinete, onde me encontrava lendo o vespertino. Sempre sei que há algo errado e que o problema vai cair em minhas mãos quando ela diz: "Grande chefe de pessoal..." E foi exatamente isso o que ela disse naquela noite. Em seguida, ela continuou:

— Acabo de flagrar Karen (nossa filha de 15 anos) escapulindo de casa com uma garrafa de vodca, a caminho do jogo de futebol. Ela disse que a bebida não era para ela, mas para as amigas mais velhas.

— As que vão levá-la de carro! — sugeri.

— Estou com vontade de matá-la — disse minha esposa. — Quer encarregar-se do assunto?

— Sinto um bocado de respeito por pais solteiros, porque não há ninguém em casa a quem possam recorrer. Minha esposa e eu observamos sempre uma estratégia: se um de nós perde o controle, passa a bola para o outro. Uma vez que eu acabara justamente de aprender a arte da repreensão, pensei que aquela poderia ser uma boa oportunidade de verificar se ela funcionava. Perguntei: "Onde está Karen?" Minha mulher respondeu: "Na cozinha." Dirigi-me imediatamente à cozinha, onde encontrei Karen com a expressão de uma pessoa que estava prestes a ser recolhida a um calabouço. Aproximei-me logo e coloquei suavemente a mão no ombro dela. E disse: "Karen, sua mãe me falou que acabou de surpreendê-la saindo às escondidas de casa com uma garrafa de vodca. Eu quero que você saiba o que acho disso. Não posso acreditar. Quantas vezes eu lhe disse que é morte certa para garotos se um deles dirige e bebe ao mesmo tempo? E sair às escondidas de casa com uma garrafa de vodca..." Bem, eu sabia que a regra da repreensão é que dispomos de apenas 30 segundos para compartilhar de nossos sentimentos com outra pessoa.

— Aposto que o senhor desejou umas duas horas naquela ocasião — disse o gerente veterano.

— Pode acreditar que sim — riu o Gerente-Minuto. — Alguns pais levam um fim de semana inteiro. Surpreendem os filhos fazendo alguma coisa de errado na noite de sexta-feira e passam neles *aquele* sabão. Meia hora depois, dizem: "E tem mais uma coisa..." Na manhã seguinte, recomeçam: "E quero dizer também a você o que penso de seus amigos..." E passam o fim de semana sofrendo e fazendo os filhos sofrer por causa de uma única falta.

"— A regra sobre repreensão é que temos apenas 30 segundos para compartilhar com a pessoa nossos sentimentos sobre o que ela fez de errado e que, quando passa esse período ... acabou. Nada de continuar a malhar a pessoa pelo mesmo erro.

"— Sabendo de tudo isso, tive que dar uma daquelas freadas de fazer chiar pneumáticos ao dizer a Karen o que sentia. Foi nesse momento que compreendi bem a importância de fazer um momento de silêncio entre dizer o que se sente e a última parte da repreensão. A pausa permite que a pessoa se acalme e, ao mesmo tempo, dá tempo para que a pessoa repreendida sinta a intensidade de seus sentimentos a respeito do caso. Assim, tomei uma respiração profunda, enquanto Karen engolia em seco, com dificuldade. Em seguida, eu disse: "Quero lhe dizer outra coisa, Karen. Eu amo você. Você é uma garota realmente responsável. Em geral, nem sua mãe nem eu temos preocupações com você. Isso que fez parece coisa de outra pessoa. Você é melhor do que isso. Esse é o motivo pelo qual sua mãe e eu não vamos deixar que você fique impune."

— Depois, dei um abraço nela e disse: "Agora, vá para o jogo, mas lembre-se de que você é melhor do que isso."

— Eu não tenho certeza de que a deixaria ir para o jogo, depois de uma coisa como aquela — comentou o veterano. — Aposto que ela mesmo não pôde acreditar no que estava ouvindo.

— Não, não pôde — confirmou o Gerente-Minuto. — Mas eu disse a ela: "Agora você sabe o que penso de adolescentes bebendo e andando às escondidas por aí. Sei que não vai fazer isso outra vez, portanto, divirta-se." No passado, antes de aprender a Repreensão-Minuto, eu não só não teria terminado a censura com um elogio, como a mandaria para o quarto, gritando alguma coisa como: "Você não vai a outro jogo de futebol até que tenha 25 anos de idade." Bem, se eu a tivesse mandado para o quarto, o que o senhor acha que ela teria pensado? No que fez de errado ou na maneira como a tratei? — perguntou o Gerente-Minuto.

— Na maneira como a tratou — disse o gerente veterano. — Aposto que ela teria apanhado imediatamente o telefone para dizer às amigas que monstro o senhor era. Adolescentes adoram conversar entre si sobre os pais.

— Exatamente — concordou o Gerente-Minuto. — E, psicologicamente, ela teria se soltado do anzol, pelo que fez de errado, focalizando toda a atenção na maneira como eu a tratara.

— O que aconteceu em seguida? — perguntou o veterano, tendo a impressão de que se encontrava no meio de uma novela de televisão.

— Na manhã seguinte — continuou o Gerente-Minuto — quando eu me encontrava tomando o café da manhã, Karen desceu. Na dúvida sobre como me saíra, perguntei a ela: "Karen, o que achou da maneira como tratei do caso da vodca ontem à noite?"

"— Odiei — respondeu ela. — Você estragou todo o jogo para mim.

"— Estraguei o jogo para você?

"— Estragou, sim — respondeu ela. — Porque, durante todo o jogo, só pensei no que havia feito e como desapontei a você e mamãe.

— Sorri para mim mesmo e pensei: "Funcionou! Funcionou, realmente! Ela se concentrou no que fizera de errado e não na maneira como eu a havia tratado."

— Esse exemplo foi muito claro e útil — disse o gerente veterano. — Acho que entendi essa parte da repreensão, mas gostaria de lhe perguntar mais umas duas coisas sobre a Repreensão-Minuto.

— À vontade — respondeu o Gerente-Minuto. — As perguntas que nos fazem a respeito da Gerência-Minuto, em sua maioria, dizem respeito às repreensões.

— O que acontece se a pessoa a quem repreende... Karen, por exemplo... começa a discutir com o senhor? — perguntou o veterano.

— Interrompemos imediatamente o que estamos dizendo — explicou o Gerente-Minuto — e deixamos absolutamente claro à pessoa em causa que aquilo não é uma discussão: "Estou-lhe dizendo o que sinto a respeito do que você fez de errado e, se quiser discutir isso mais tarde, tudo bem. Mas, neste exato momento, isto não é uma troca de opiniões. Estou-lhe dizendo o que sinto."

— Isso é útil — concordou o veterano. — Mais uma coisa: se aceito elogiar alguém ao fim de uma repreensão, por que não iniciar a repreensão com um elogio? No passado, quando eu repreendia, usava o "método sanduíche": palmadinha nas costas, pontapé no traseiro, outra palmadinha nas costas.

— Conheço bem esse estilo — retrucou o Gerente-Minuto — mas descobri que é muito importante manter separados os elogios e as repreensões. Se iniciamos a repreensão com um elogio, diminuímos o impacto deste.

— Por quê? — quis saber o veterano.

— Porque quando se procura uma pessoa apenas para elogiá-la — explicou o Gerente-Minuto — ela não escutará o elogio, porque estará se perguntando o que virá depois... que más notícias se seguirão às boas.

— De forma que, mantendo os elogios e as repreensões separados, o senhor faz com que seu pessoal as escute com maior atenção — sumariou o veterano. — Mas o que me diz de castigos mais tangíveis tais como rebaixamento de posto, transferência de uma função para outra, ou alguma outra punição? Serão elas acaso apropriadas em algumas situações?

— Nossa experiência com a Repreensão-Minuto — disse o Gerente-Minuto — sugere que, de modo geral, não precisamos suplementar uma punição com outra. A experiência já é suficientemente embaraçosa.

— Este princípio foi muito bem ilustrado com o caso de Karen — disse o gerente veterano. — Acho que o senhor realmente esclareceu minhas dúvidas sobre repreensões. Além disso, compreendo agora como aprender o ABC ajuda gerentes a transformar em atos seu conhecimento da Gerência-Minuto. Mas de que modo pode o senhor integrar a Gerência-Minuto num programa organizacional total para melhoramento do desempenho?

— O senhor terá que pagar o PREÇO — respondeu com um sorriso o Gerente-Minuto.

— O que vem a ser esse PREÇO? — perguntou o veterano.

— O sistema PREÇO — continuou o Gerente-

Minuto — ultrapassa o ABC ao propiciar a gerentes cinco passos fáceis, que podem envolver a todas as pessoas no melhoramento do desempenho.

— Isso parece interessantíssimo — disse o veterano — mas a minha cabeça já está girando com tudo o que aprendi hoje.

— Por que o senhor não passa a noite na cidade e nos reunimos novamente amanhã, às nove? Vou pedir à minha secretária que lhe faça uma reserva no Osborn Hotel. O gerente do hotel está muito interessado na Gerência-Minuto e vem implementando um programa de elogios fora de série, destinado a flagrar seus empregados fazendo as coisas da maneira certa. Acho que o senhor vai achar tudo isso muito interessante.

— Parece uma boa idéia — disse o veterano.

AO CHEGAR ao hotel, o gerente veterano dirigiu-se imediatamente à recepção. Enquanto preenchia a ficha, o recepcionista lhe disse:

— Nossos hóspedes são importantes para nós. Será que o senhor poderia nos fazer um favor durante sua estada?

— Claro — respondeu o veterano. — Qual?

— Gostaríamos que o senhor aceitasse este "talão" de elogios".* Se um de nossos empregados tratar o senhor, ou qualquer outro hóspede, da maneira como o senhor gosta de ser tratado, poderia destacar um cupom, escrever nas costas o que o empregado fez certo, descobrir o nome dele, e entregar o cupom à gerência?

— De modo que todos os hóspedes surpreendam os empregados que fazem as coisas da maneira certa — riu o veterano. — Aposto que há um elogio em todos os cupons que o gerente recebe.

— O senhor leu o Livro! — exclamou sorridente o recepcionista.

— Li. Este hotel parece estar realmente pondo em prática a Gerência-Minuto — comentou o veterano.

— Trata-se de um sistema fantástico! — exclamou entusiasmado o recepcionista. — Uma boa noite para o senhor.

---

* Drew Dimond, ex-diretor distrital da Holiday Inns, Inc., de Nashville, Tennessee, ficou muito impressionado com *O Gerente-Minuto* e resolveu instituir um programa de cupons de elogios em um de seus hotéis. Gary Wood, o gerente do hotel, "ficou maluco com a idéia". Os resultados aqui descritos são semelhantes aos observados nesse hotel da Holiday Inns.

Depois de jantar cedo, o veterano recolheu-se imediatamente ao seu quarto para descansar. Estava espantado com a maneira fidalga como fora tratado por todos os empregados do hotel. Já preenchera três cupons — relativos ao porteiro, à garçonete e ao *maître*. Flagrar pessoas fazendo as coisas da maneira certa estava mudando toda sua atitude em relação ao hotel. Os cupons de elogios tornavam sua a tarefa como hóspede não de queixar-se, mas de cumprimentar alguém por bom trabalho feito.

Na manhã seguinte, fez as malas e desceu. Depois de tomar o desjejum, pagou a conta e, de saída, parou no escritório do gerente a fim de entregar os cupons que preenchera. Aconteceu estar presente no momento o gerente do hotel.

Entregando-lhe os cupons de elogios, disse:

— Acho que este seu programa de elogios é uma grande idéia. E uma maneira muito prática de adotar a Gerência-Minuto. Já houve algum efeito palpável a favor do programa?

— Embora o sistema só esteja em funcionamento há cinco meses — disse o gerente do hotel — já obtivemos reduções importantes em faltas ao serviço e rotatividade de pessoal. Nossos empregados esperam agora com ansiedade o momento de vir para o trabalho, porque se sentem muito interessados em saber se podem ser flagrados fazendo alguma coisa da maneira correta. E não estamos dando qualquer compensação financeira pelos cupons, mas apenas uma palmadinha no ombro por trabalho bem executado.

— O senhor acha que este programa mudou também as atitudes dos clientes? — quis saber o veterano.

— Sem dúvida nenhuma! — respondeu o gerente do hotel. — Nosso principal melhoramento tem sido nas notas de classificação do hotel, dadas pelos nossos hóspedes. Solicitamos a eles que classifiquem o hotel numa escala ABCDEF no tocante a aspectos tais como valor recebido/custo, aparência, serviço e cordialidade. Antes do programa de elogios, menos de 70 por cento dos hóspedes que preenchiam as fichas de impressões classificavam o hotel na faixa A e B. Depois dos primeiros cinco meses, as notas são em média de mais de 90 por cento na faixa de A e B e estamos recebendo três vezes mais fichas preenchidas.

— De modo que seus cupons de elogios estão rendendo altos rendimentos para o hotel, os hóspedes, e os empregados — comentou o gerente veterano.

— Isso mesmo — confirmou o gerente do hotel. — Colocar o Gerente-Minuto em ação propicia um alto retorno do investimento.

Despedindo-se com um aperto de mão, o gerente veterano sorriu e disse:

— Minha estada aqui também foi muito lucrativa para mim!

AO CHEGAR ao gabinete do Gerente-Minuto, o veterano encontrou-o em sua pose habitual à janela. Ao sentir a presença do visitante à porta, virou-se, recebeu-o com um aperto de mão cordial e lhe ofereceu uma poltrona à mesa de reuniões.

— Bem, gostou de sua estada no Osborn Hotel na noite passada? — perguntou, sentando-se.

— Claro que gostei — respondeu o veterano — e o senhor teve razão, foi uma experiência excepcional!

— Eu queria que o senhor conhecesse — confidenciou o Gerente-Minuto — uma tentativa de pôr a Gerência-Minuto em funcionamento, antes de termos nossa conversa de hoje. Pensei que isso o ajudaria a compreender melhor nosso sistema PREÇO.

Enquanto escutava o Gerente-Minuto, o veterano notou que na escrivaninha dele havia uma nova placa, que dizia:

*

Não Faça Simplesmente Coisa Alguma —

Sente-se

*

O gerente veterano sorriu, uma vez que sabia que o ritmo frenético, ainda que ineficiente, da maioria das empresas exigia exatamente o oposto.

— Essa placa é um presente de meus principais auxiliares — explicou o Gerente-Minuto, acompanhando a direção do olhar do veterano. — Pensaram que simbolizava a importância do estabelecimento de objetivos como maneira de evitar a "armadilha da atividade".

— A armadilha da atividade? — estranhou o veterano.

— É aquela em que pessoas correm de um lado para o outro, tentando fazer as coisas certas antes que alguém pare para pensar quais são as coisas certas a fazer.

— Por falar em fazer certo as coisas — disse o veterano — qual a melhor maneira de eu aprender o princípio do PREÇO?

— Por que não vai conversar com Alice Smith? — sugeriu o Gerente-Minuto. — Ela é uma de nossas gerentes mais criativas. Ajudou-nos a criar o sistema PREÇO. Desde que assumiu nossa operação de vendas, os negócios subiram às alturas.

Enquanto o Gerente-Minuto telefonava para Alice Smith, o veterano sorria para si mesmo e pensava: "Não há dúvida de que tiraram toda a mística dessa questão de dirigir pessoas. Aposto que o sistema PREÇO é realmente uma coisa muito simples, mas poderosa."

— Bem, Alice está pronta para recebê-lo — disse o Gerente-Minuto. — Pode ir agora mesmo ao escritório dela. Fica no mesmo prédio do de Connelly, mas no terceiro andar.

AO CHEGAR ao gabinete de Alice Smith, o veterano encontrou-a trabalhando tranqüilamente à sua escrivaninha. Pensou com seus botões: "Pelo menos, conheço um Gerente-Minuto que parece estar fazendo alguma coisa."

Ela recebeu-o com um sorriso e as palavras:

— De modo que o senhor quer saber se o sistema Preço funciona — disse ela, indicando-lhe uma cadeira.

— Banal, mas verdade — reconheceu o veterano. — Estou ansioso para começar.

— Isso é importante, porque o sistema Preço constitui a chave da maneira de pôr o Gerente-Minuto em ação e obter resultados, todos os dias, no desempenho e satisfação do pessoal no trabalho. Mas agora o senhor tem que escutar com grande atenção, porque tomamos três perícias básicas e as transformamos em cinco passos importantes.

Imediatamente, Alice Smith dirigiu-se a um pequeno quadro-negro atrás de sua escrivaninha e escreveu:

Precisar **R**egistrar **E**nvolver **C**onduzir **O**rçar

— PRECISAR significa o processo de definir para as pessoas as áreas decisivas de desempenho em termos observáveis, mensuráveis — começou Alice. — Em essência, as áreas de desempenho que o senhor identificaria como Objetivos-Minuto.

— Suponhamos que eu lhe diga que estou preocupado com meu grupo de trabalho — disse o gerente veterano — e que quero reacender o espírito de comprometimento com a tarefa de meu pessoal. Isso seria suficientemente específico?

— Não — retrucou Alice. — Não podemos fazer coisa alguma a respeito de problemas de moral, atitudes medíocres, indolência, ou coisas desse quilate sem mais informação.

— Não é importante cuidar dos problemas de moral numa empresa? — espantou-se o gerente veterano.

— Claro que é, mas eu teria que especificar o que é que o senhor entende por moral medíocre — explicou Alice. — O senhor quer dizer que as pessoas estão chegando tarde para o trabalho, são freqüentes as rejeições por motivo de má qualidade, ou as pessoas vivem se alfinetando no trabalho? O que o senhor entende por moral medíocre?

— Ao que parece, temos que impedir que gerentes vivam dizendo que as coisas andam bem ou mal e fazer com que identifiquem especificamente o que está acontecendo — sugeriu o veterano.

— É exatamente nisso que consiste precisar as áreas — concordou Alice, satisfeita com a capacidade do veterano de aprender rapidamente. — Implica delimitar as áreas que o senhor vai medir e como vai medi-las... como, por exemplo, em quantidade, qualidade, custo (no ou extra-orçamento), ou oportunidade.

— E aonde é que isso nos leva? — interrompeu-a o veterano.

— DIRETAMENTE a REGISTRAR — respondeu Alice. — Logo que o senhor precisa um problema de desempenho, ou Objetivo-Minuto, vai querer medir o desempenho corrente e acompanhar o progresso nessa área. O senhor deve notar que estou falando de áreas que quer aperfeiçoar, e não de problemas. As pessoas custam a admitir que há problemas, mas todos têm uma área que gostariam de melhorar.

— A senhora quer dizer que reuniria dados concretos da freqüência com que pessoas chegam tarde ao trabalho, a freqüência com que produtos são rejeitados por má qualidade e coisas assim? — perguntou o veterano.

— Exatamente — disse Alice. — Queremos eliminar os palpites do melhoramento do desempenho.

— E se alguém disser: "A senhora não pode medir desempenho no meu cargo!" — insinuou o veterano.

— Quando uma pessoa nos diz isso — explicou Alice — sugerimos que talvez seja uma boa idéia eliminar o cargo e ver se perdemos alguma coisa. É espantoso como as pessoas ficam subitamente interessadas em descobrir maneiras de identificar objetivos e medir desempenho em seus cargos.

— A senhora poderia me dar um exemplo — pediu o veterano — de um problema de desempenho que resolveu com o sistema PREÇO?

— Sem dúvida — disse Alice. — Quando assumi o departamento, um velho gerente de vendas me disse: "Os contatos por telefone precisam ser aperfeiçoados aqui. Nossos vendedores nunca marcam encontros com os clientes por telefone. Acham que têm de estar na rua o tempo todo. Quando chegam ao cliente, ele com freqüência está fora naquela manhã, ou seu tempo está tomado e não pode ser interrompido. Têm de esperar para falar com ele e, portanto, passam todo o tempo em lanchonetes. Se marcassem os encontros, conseguiriam duas vezes mais na metade do tempo." Aí perguntei:

"— Como o senhor sabe que contato por telefone precisa ser aperfeiçoado?

"— Eu simplesmente sinto que tudo começa aí — respondeu ele. — Sempre houve essa questão nesta companhia.

Perguntei em seguida:

"— O senhor fez uma contagem? Há alguma maneira de saber exatamente o número de telefonemas que os vendedores dão para os clientes?

"— Bem — disse ele — eu posso verificar as cadernetas de anotações de telefonemas deles. Todos os vendedores têm a obrigação de manter o registro diário dos telefonemas que dão.

— Quando eu mesma fiz a contagem, descobri que marcar encontros não era problema sério com todos os vendedores. Na verdade, apenas três vendedores eram omissos nos seus telefonemas — disse Alice.

— Registrando ou medindo o desempenho — disse o veterano — a senhora procura certificar-se de que a necessidade de aperfeiçoamento é real, e não apenas uma impressão. A senhora não quer "consertar o que não está quebrado".

— Exatamente — confirmou Alice. — Uma maneira muito eficiente de fazer isso consiste em plotar a informação num gráfico — explicou, tirando uma pasta do arquivo da escrivaninha. — Tenho aqui o gráfico inicial que fiz dos telefonemas de um de meus vendedores-problema, Jack.

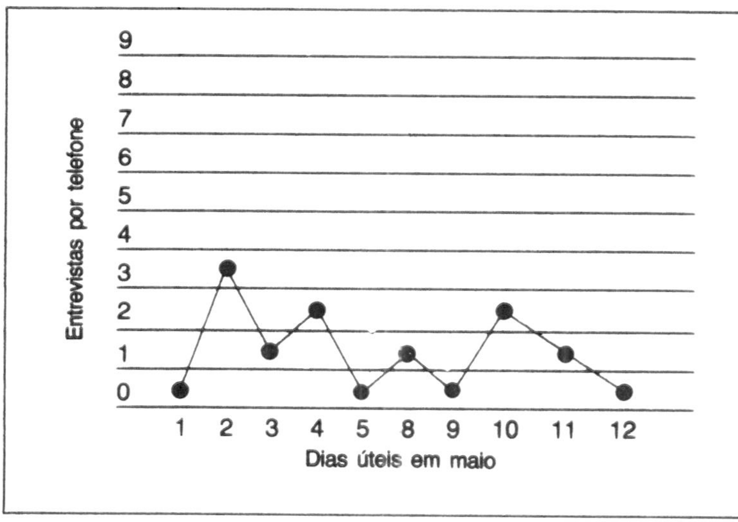

— Em todos os gráficos que usamos, anotamos o tempo ao longo do eixo de baixo, ou horizontal, e precisamos o comportamento ao longo do eixo lateral, ou vertical — explicou Alice. — O elemento temporal no caso de Jack foram dias úteis em maio, durante um período de duas semanas, e o comportamento assumiu a forma do número de telefonemas marcando encontros em cada dia.

DEPOIS de feito o gráfico, verifiquei a média de Jack de telefonemas marcando encontros. Em duas semanas, ele deu em média um telefonema por dia. Eu sabia que precisávamos melhorar porque havia uma diferença entre o desempenho concreto e o que eu considerava o desempenho desejável. Eu estava pronta para o passo chamado ENVOLVER no sistema PREÇO.

— Foi nessa ocasião que a senhora informou a Jack de que havia problema? — perguntou o gerente veterano.

— Exato — disse Alice. — Logo que descobrimos que algo precisa de aperfeiçoamento, levamos a informação ao conhecimento da pessoa responsável (tem que prestar contas) por essa área, que pode ou não influenciar o desempenho nela... em nosso caso, Jack.

— Aposto que quando plotou todos esses dados de desempenho de Jack e o gráfico mostrou claramente que ele não estava fazendo aquilo que a senhora achava que ele devia, sentiu forte tentação de baixar a lenha em Jack — observou o veterano. — Ou dar o velho tratamento de "ignorar ou malhar".

— Freqüentemente sentimos essa tentação — confessou Alice — mas precisamos nos controlar. O momento da repreensão não havia chegado ainda. Na verdade, é importante lembrar que gráficos não se destinam a ser usados como armas, ou como provas num julgamento empresarial. São feitos para serem usados como instrumentos de treinamento, como métodos não-judicativos de retroalimentação.

— E de que modo mostrou seu gráfico a Jack? — perguntou o veterano.

— Mas sem proferir julgamento — esclareceu Alice. — E num espírito de aprendizagem. Queríamos que ele aprendesse e partimos do pressuposto de que ele queria melhorar. O senhor deve conhecer a máxima que adotamos aqui:

*

A Retroalimentação É o Desjejum dos Campeões

*

— Isso é uma grande verdade — concordou o veterano — mas diga-me uma coisa: de que maneira vocês envolvem uma pessoa como Jack, além de dar-lhe uma retroalimentação de resultados?

— Nós o envolvemos utilizando os ativadores — explicou Alice. — Isto é, decidindo sobre o que temos de concordar, antes de se esperar que Jack eleve seu desempenho ao nível desejado.

— Além do estabelecimento de objetivos, que outros acordos a senhora tem de sugerir? — perguntou sorridente o veterano, satisfeito com a oportunidade de mostrar o que já aprendera.

— Adotar estratégias de condução e estimativas — respondeu Alice. — Temos que concordar como vamos conduzir a supervisão de Jack, bem como ele será orçado, ou avaliado, e que recompensa ele pode esperar do desempenho melhorado.

— A senhora sempre envolve seu pessoal no estabelecimento de Objetivos-Minuto? — quis saber o gerente veterano.

— Sempre — afirmou Alice. — *A Gerência-Minuto não funciona, a menos que ela seja compartilhada com o pessoal.* De outra maneira as pessoas pensarão que o senhor tenta manipulá-las. Isto se aplica especialmente à fixação de objetivos. A fixação compartilhada de objetivos tende a conseguir maior comprometimento das pessoas e assegura o estabelecimento de metas realistas para a área de desempenho.

— Uma meta realista?— O gerente veterano estava em dúvida.

— Uma meta realista é de certo modo difícil, mas atingível — explicou Alice. — É aceitável ao senhor, como gerente, e seu pessoal pode atingi-la. Mas voltemos a Jack. Ele estava marcando, por telefone, um encontro por dia. Quantos telefonemas marcando encontro são aceitáveis para o senhor? E quantos podem ser feitos por Jack?

— Quantos telefonemas dá o melhor vendedor? — perguntou o gerente veterano.

— Comparar Jack com o melhor não o encorajaria. Teria o efeito contrário — lembrou Alice. — Lembre-se, estamos usando este método como instrumento de treinamento, não como castigo.

— Que objetivo a senhora fixaria? — perguntou o veterano, encolhendo os ombros.

— Eu provavelmente diria: "Jack, vamos ver se você pode dar três telefonemas por dia, marcando encontros, na próxima semana. O que lhe parece isso?"

— Assim, a senhora seria específica sobre o número de telefonemas e período — comentou o veterano.

— Exatamente — concordou Alice. — O que é que o senhor acha que aconteceria se eu dissesse simplesmente a Jack, "Eu gostaria que você desse mais telefonemas marcando encontros. Acho que, ultimamente, você não andou dando um número suficiente deles"?

— Ele provavelmente diria que estava tudo bem — sugeriu o veterano — e não a levaria a sério.

— Esse o motivo por que tive o gráfico ao meu lado, quando conversei com Jack — disse Alice. —

Ele soube que eu estava falando sério e exatamente o que precisava fazer para voltar às minhas boas graças.

Alice retirou outro gráfico da pasta que trouxera da escrivaninha.

— Este foi o primeiro gráfico de estabelecimento de objetivo para Jack — disse Alice, entregando o gráfico ao veterano.

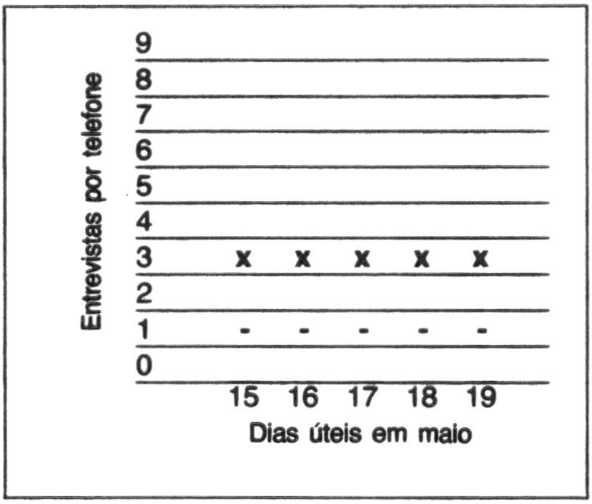

— Como o senhor vê, plotamos o desempenho médio passado de Jack (um telefonema por dia) e seu objetivo a curto prazo (três telefonemas por dia). Dessa maneira, ele pôde ver a diferença entre onde esteve e para onde estava indo — explicou Alice.

— Por que não disse a Jack que queria que ele desse um telefonema marcando o encontro por cada visita de vendas que fosse fazer? — perguntou o veterano.

— Isso poderia ter sido um objetivo apropriado a longo prazo — respondeu Alice — mas, a curto prazo, não poderíamos esperar esse tipo de meia-volta no comportamento, porque Jack, obviamente, estava viciado em alguns hábitos de trabalho muito ruins. Da mesma forma que uma pessoa não pode perder 10 quilos num dia, mas que, ainda assim, quer realmente perder peso. De forma que tivemos que estabelecer, no caso de Jack, um objetivo de curto prazo, como três telefonemas por dia.

— Objetivo de curto prazo? — estranhou o veterano.

— Era o primeiro passo — disse Alice. — Quando instituímos um programa de melhoramento de desempenho, é bom nos lembrarmos de não fixar um resultado final (neste caso, um encontro marcado para *cada* visita de vendas, ou mais ou menos seis ou sete telefonemas por dia de trabalho) como objetivo que deve ser atingido, antes que a pessoa sinta comprometimento com a tarefa e mereça um elogio. A não ser assim, podemos ter que esperar para sempre.

— Lembro-me agora daquele conceito — disse o veterano. — No começo, esforçando-nos para melhorar o desempenho, precisamos organizar as coisas de modo que possamos flagrar as pessoas fazendo as coisas de forma aproximadamente certa (objetivo a curto prazo) e não exatamente certa (objetivo final).

— Isso mesmo — aprovou Alice. — A jornada para o exatamente certo é constituída de uma série inteira de aproximadamente certo.

— Em outras palavras, a senhora está dizendo que Roma não foi construída num único dia — disse o veterano. — Ou melhor, o que a senhora quer é acompanhar o progresso realizado, do nível atual de desempenho para o nível desejado. Qual é a melhor maneira de fazer isso?

— Envolvendo a pessoa na condução da supervisão — garantiu Alice. — Como o senhor sabe, logo que as pessoas sabem claramente o que estão sendo solicitadas a fazer, conduzi-las implica basicamente observar-lhes o desempenho e dar-lhes retroalimentação dos resultados. Mas todo o processo de condução é organizado ao concordar antecipadamente com seu pessoal sobre quando e como o senhor vai lhe dar a retroalimentação. Essa parte do processo de condução é realizada durante o passo do Envolvimento.

— Acho que — interrompeu-a o veterano — ao elaborar com seu pessoal o sistema de retroalimentação que usará, a senhora aumenta as chances de que eles vençam, de que atinjam seus objetivos.

— Exatamente — concordou Alice. — Criar um bom sistema de retroalimentação através de gráficos de desempenho é essencial, se queremos realizar um trabalho diário de condução do pessoal. Esse foi o motivo pelo qual, no caso de Jack, concordamos que, na primeira semana, eu pararia à escrivaninha dele todos os dias e passaríamos em revista ao seu registro de telefonemas. Eu plotaria num gráfico o desempenho e o discutiria com ele.

— Que outros acordos de condução de supervisão fez com ele, além das visitas diárias? — quis saber o veterano.

— Plotar desempenho todos os dias pode consumir muito tempo — explicou Alice — de modo que concordamos em nos reunir novamente após a primeira semana, a fim de verificar quando Jack poderia começar a cuidar de sua própria realimentação.

— Cuidar de sua própria realimentação? — repetiu o veterano.

— Se estou tendo um problema de desempenho com Jack, o que quero fazer é elaborar um gráfico que Jack possa ser capaz de usar. Ele poderá colocar suas próprias marcas de verificação, estrelas, o que quer que queira no gráfico.

— Neste caso, ele mesmo poderá dizer "Estou indo melhor" ou "Estou indo pior" — sugeriu o gerente veterano. — Ele poderá mesmo começar a elogiar-se ou repreender-se.

— Isso mesmo — concordou Alice. — A retroalimentação auto-administrada pode ser imediata... tão próxima do desempenho quanto possível.

— Nessa altura, em que mais a senhora envolveu Jack? — perguntou o veterano.

— Tudo o que restava fazer no passo "E" do sistema PREÇO era envolver Jack na orçamentação, ou estimativa, do desempenho — disse Alice.

— Como tencionava fazer isso? — perguntou o veterano.

— Quando criamos o gráfico, Jack sabia como

seu desempenho ia ser avaliado, mas, para completar seu envolvimento na avaliação do desempenho, tínhamos ainda que decidir o que haveria de recompensa para ele, se melhorasse — disse Alice.

— O que a senhora quer dizer com isso? — perguntou o veterano.

— Que conseqüências positivas haveria para Jack, se ele atingisse seu objetivo — respondeu Alice.

— Ouvi realmente a senhora dizer que, juntamente com Jack, teria que decidir isso? Simplesmente, não disse a ele? — espantou-se o veterano.

— Se Jack fosse pessoa menos capaz e menos interessada, eu teria estabelecido as recompensas, mas ele era um cara muito criativo. Ele sabia melhor do que ninguém que recompensas o motivariam — explicou Alice. — Perguntei a ele, em vista disso: "O que o motivaria a dar mais telefonemas?" Ele respondeu: "Se eu atingir minha cota, escreva-me uma carta. Eu coleciono essas coisas. Guardo todas as cartas de elogio que recebi, desde a escola secundária. Mas não mande sua secretária bater uma carta formal. Escreva-a à mão." Achei que isso era uma grande idéia, mas perguntei a ele: "E se você não atingir sua cota?" Ele respondeu: "Diga-me que mereço uma repreensão. Provavelmente, não vai ter que fazê-la. Mas simplesmente saber que a senhora sabe que estou recaindo no velho comportamento fará com que eu volte ao caminho certo."

— A senhora manteve registro do número de elogios, em comparação com o número de repreensões? — riu o veterano.

— Pode parecer engraçado — disse Alice — mas fiz exatamente isso. Iniciei um registro de elogios e repreensões. A coisa funcionou maravilhosamente. Atualmente, mantenho um registro de elogios/repreensões no tocante a todos meus funcionários.* É apenas uma lista de nomes com *Es* e *Rs* depois de cada nome, com uma nota em taquigrafia sobre o que aconteceu. Isso me mantém em dia com A Gerência-Minuto.

---

*Ted Fletcher, gerente de treinamento e desenvolvimento de recursos humanos da Companhia Nestlé, que supervisiona sete fábricas em todo o país, revelou os três segredos do Gerente-Minuto a um de seus gerentes de divisão, Ed Dippold. Ele, por seu turno, explicou o conceito a seus capatazes e ao capataz-geral. Agora, todos mantêm registros de elogios e repreensões relativos aos subordinados na fábrica de Nova Jersey. Diz Ed: "A coisa realmente funciona! Nos casos de empregados sindicalizados e capatazes que trocam de turnos, o sistema mantém abertas e claras as linhas de comunicação."

— ISSO FAZ sentido — concordou o gerente veterano. — Assim, antes de conduzir ou avaliar concretamente o desempenho, as conseqüências do atingimento do objetivo têm que ser combinadas no passo Envolver (E) do sistema PREÇO.

— No caso de Jack — continuou Alice — ele sabia quais eram os objetivos (de curto e médio prazo), como eu ia supervisioná-lo ou conduzi-lo, e como seu desempenho seria avaliado, incluindo as conseqüências que poderia esperar de desempenho medíocre ou melhorado.

— Com todas essas coisas resolvidas — interrompeu-a o veterano — Jack estava pronto para começar a melhorar seu comportamento no tocante aos telefonemas marcando encontros.

— Certo — concordou Alice. — Mas, nessa altura, meu papel mudou: de envolver Jack na tomada de decisões sobre o estabelecimento dos necessários ativadores, para a observação de seu próprio desempenho e administração das conseqüências.

— Então é nisso que se resume a condução — disse o veterano. — Em observar o comportamento e propiciar retroalimentação, à vista dos resultados... com elogios e repreensões. E foi aí que a senhora começou com o "C", ou etapa de CONDUÇÃO, no sistema PREÇO.

— O senhor entendeu bem. Agora, posso mostrar-lhe como Jack se saiu bem — disse Alice. — Este é o gráfico dele relativo à primeira semana.

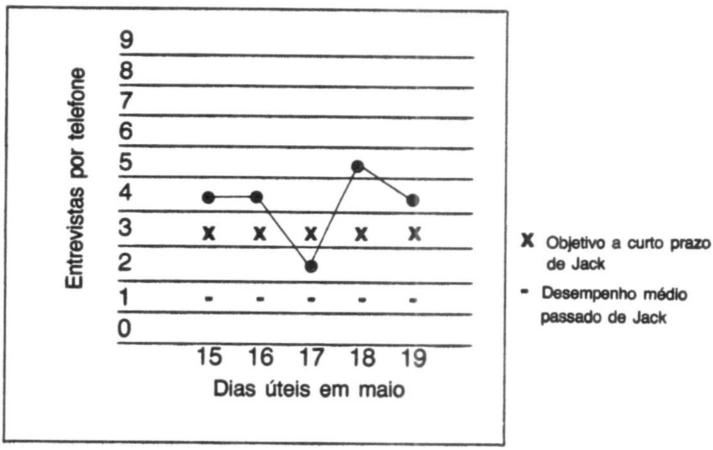

— Mas isso é maravilhoso. Ele superou a meta em todos os dias, menos no terceiro — comentou o gerente veterano, examinando o gráfico. — Quando foi que falou com ele a respeito do melhoramento, na reunião marcada para o fim da semana?

— Absolutamente não — retrucou Alice. — Lembre-se de que uma regra fundamental da retroalimentação é que ela deve ser imediata e específica. Se vago e atrasado, o fluxo de dados não é mais um instrumento eficiente de treinamento. Além do mais, eu tinha combinado com Jack que, durante a primeira semana, eu pararia diariamente à mesa dele, passaria os olhos pelo registro de telefonemas, plotaria o desempenho dele no gráfico e lhe mostraria o resultado.

— Até que ponto a senhora seria específica? — quis saber o veterano.

— Na verdade, eu usaria números — disse Alice. — Diria: "Você atingiu seu objetivo", "Você superou seu objetivo por um telefonema", ou "Deixou de atingir seu objetivo por um telefonema". Assim, logo que o objetivo é estabelecido, a retroalimentação relaciona-se especificamente com ele.

— Muito bem. Entendo agora como transcorreu a retroalimentação diária com Jack — disse o veterano — mas como foi que dirigiu a reunião no fim da semana, quando pensava em verificar se Jack poderia começar a administrar ou não sua própria retroalimentação?

— Eu me sentia satisfeita com o progresso de Jack naquela primeira semana — disse Alice — de modo que estava disposta a escutar quaisquer sugestões que ele pudesse ter sobre a maneira de fiscalizar seu próprio desempenho e aproveitar a retroalimentação. Lembre-se, à medida que as pessoas melhoram, procuramos transferir gradualmente para elas um grau sempre maior de responsabilidade pela monitoração de seu próprio desempenho.

"— Jack estava profundamente consciente de suas necessidades" — observou orgulhosamente Alice. — Ele me disse: 'Escute, se me deixar inteiramente sozinho, vou me sentir abandonado. Mas não quero que a senhora venha à minha mesa todos os dias. Isso me bota nervoso. Durante o próximo mês, deixe que eu mesmo faça diariamente as anotações no gráfico e a senhora aparece nas sextas-feiras para conferi-lo. Se precisar de alguma ajuda durante a semana, irei procurá-la.'

— De modo que a senhora fez um novo acordo com ele — disse o veterano. — Continuou a fazer isso até que ele passou a se comportar como um vencedor nessa sua parte do trabalho?

— Exatamente, concordou Alice. — Quero supervisionar o pessoal de perto apenas se ele necessitar disso. Logo que possam agir independentemente, estou pronta a lhes dar toda liberdade. No processo de condução, o que queremos é marcar um número cada vez menor de reuniões de retroalimentação, à medida que o pessoal passa gradualmente de seu atual nível de desempenho para o nível desejado. Temos uma expressão, que usamos aqui, que acho que seria útil o senhor aprender. E escreveu num bloco:

*

Para a Maioria das Pessoas,
Conseguir Bom Desempenho
É Uma Jornada —
Não um Destino

*

— ISSO FOI dito de forma bem apropriada — comentou o veterano. — Numerosos gerentes simplesmente berram sobre destinos (objetivos) e em seguida se recostam, à espera de que as pessoas os atinjam. O que acho muito útil no sistema PREÇO é que sugere que conduzir é um processo de dirigir a jornada. Estou pronto para passar ao ORÇAR (0), ou avaliar, o último passo do sistema PREÇO. A senhora, também?

— Por que não? — respondeu Alice. — Afinal de contas, avaliar e conduzir andam de mãos dadas. Na verdade, todas as vezes em que damos realimentação a alguém estamos avaliando. Queremos verificar como está indo o desempenho nas áreas delimitadas. Estamos conseguindo os resultados que queremos? Se não, por que não?

— Se a avaliação e a condução do pessoal andam de mãos dadas — observou o gerente veterano — por que o Avaliar figura como passo separado no sistema PREÇO?

— Porque a maioria das empresas adota o sistema de sessões formais de avaliação de desempenho — explicou Alice. — Essas sessões são realizadas trimestralmente, semestralmente, ou apenas uma vez por ano. No sistema PREÇO recomendamos que seja plotado em gráfico e acompanhado o desempenho em áreas-minuto localizadas com intervalo não maior que seis semanas, sem necessidade de efetuar reuniões formais de avaliação. A menos que a pessoa seja de competência comprovada, quando o intervalo pode ser maior.

— O que é que se discute nessas reuniões? — perguntou o veterano.

— Nada de novo — respondeu Alice. — Tudo o que fazemos é passar em revista o que estivemos conversando durante o processo de condução, ou ensino do pessoal. Assim, podemos reconhecer formalmente o progresso e, ao mesmo tempo, avaliar estratégias futuras. O gerente já pode entregar a supervisão do projeto PREÇO às pessoas envolvidas ou sua direção e sua ajuda ainda são necessárias?

— Embora a avaliação no sistema PREÇO seja um processo contínuo — disse o veterano — ele não me dá a impressão de que seja um processo punitivo. O Gerente-Minuto não tenta derrubar as pessoas.

— David Berlo, um dos professores e consultores mais ponderados que conheci — disse Alice — deu-me o melhor resumo dessa filosofia. Ele ficou interessado no treinamento de baleias. Certo dia, perguntou a um de seus amigos, um treinador da Flórida, se eles realmente treinavam as baleias usando alguns dos conceitos de que vimos falando no processo de conduzir pessoas. Eles responderam: "Sim, com um acréscimo".

— E que acréscimo era esse? — quis saber o veterano.

— Antes de tentarem treinar as baleias a fazer alguma coisa — continuou Alice — os treinadores disseram a David: "Nós as alimentamos e nos certificamos de que não estão com fome. Em seguida, saltamos na água e brincamos com elas até que as convencemos de que..."

— Convencê-las do quê? — perguntou o gerente veterano.

— Deixe que eu escreva isso para o senhor — ofereceu-se Alice — porque serve de base a tudo o que a Gerência-Minuto significa. — Inclinou-se para o veterano, tomou-lhe o bloco e escreveu:

*

Não Queremos Fazer Mal a Elas

*

— Essa é uma frase que dá o que pensar — disse o gerente veterano, lendo o que Alice Smith escrevera. — Tudo isso diz respeito à confiança, não?

— Claro que sim — concordou Alice. — David está escrevendo um livro intitulado *I Mean Your no Harm (Não quero fazer-lhe mal)* porque acha que a maioria das avaliações de desempenho e sistemas de avaliação instituídos por empresas em nosso país sugere exatamente o oposto.

— Agora que a senhora fala nisso — concordou o veterano — acho que há uma grande verdade nas suas palavras. A maioria dos sistemas de avaliação sugere que haverá sempre vencedores e perdedores.

— Mas isso simplesmente não faz parte da filosofia do Gerente-Minuto — advertiu Alice.

— Certo. Quando fala em avaliação no sistema PREÇO — continuou o veterano — a senhora está sempre tentando descobrir se está conseguindo os resultados desejados. Se está, seu pessoal tem seu mérito reconhecido e é elogiado. Se não está, ele é reorientado ou repreendido, dependendo de o problema ser de capacidade ou motivação Há alguma outra razão por que não conseguiria os resultados desejados?

— A avaliação do desempenho pode esfacelar-se em todos os passos do sistema PREÇO — respondeu Alice. — Podemos delimitar uma área irrelevante. Ou registrar ineficientemente os dados. Ou, ao envolver nosso pessoal, podemos ter concordado com um objetivo baixo ou alto demais, a nossa realimentação pode ser irregular, ou as conseqüências não suficientemente motivadoras.

— De modo que a senhora assume algumas responsabilidades importantes, a fim de conseguir que seu pessoal desempenhe bem suas tarefas — comentou o gerente veterano.

— Sem dúvida nenhuma — concordou Alice. — Minha função como gerente não é simplesmente a de ficar aqui, cruzar os braços, parecer severa e avaliar. Consiste em arregaçar as mangas e ser sensível às pessoas e ao que necessitam para realizar bem seu trabalho.

— E assim a senhora tem que manter os olhos e ouvidos bem abertos — aparteou o veterano. — Imagino que volta com freqüência ao passo Precisar e reinicia todo o processo, o que torna o PREÇO uma atividade contínua.

— Exatamente — concordou Alice. — Esse o motivo pelo qual gostamos de apresentar o PREÇO quase como se fosse o disco de um telefone. — Apontou para uma placa na parede, com a configuração seguinte:

Pondo o Gerente-Minuto em Ação

SUMÁRIO DO SISTEMA PREÇO

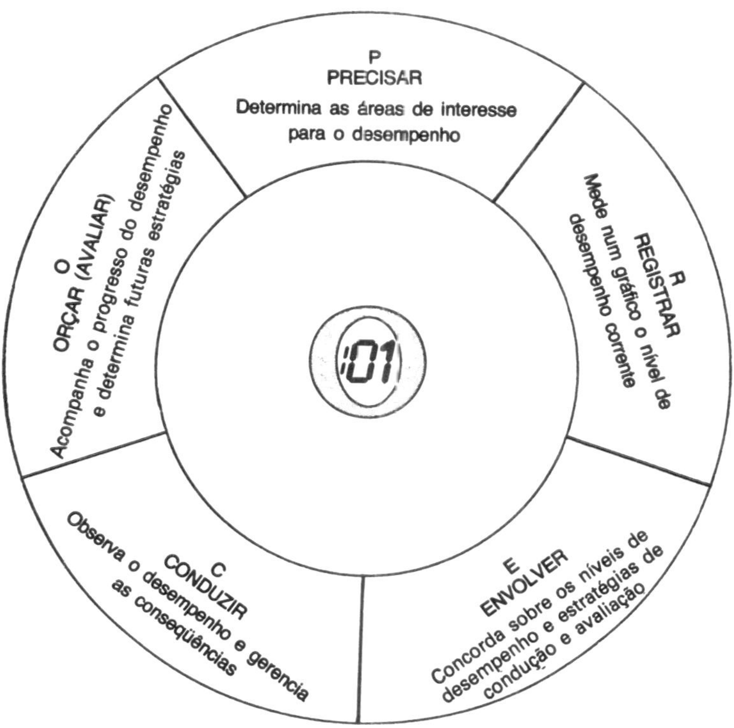

— ISSO É maravilhoso. Agora posso discar O *P* quando quero *desempenho* — observou com um sorriso o veterano.

— Mas quero enfatizar uma última coisa a respeito do PREÇO — avisou Alice. — O senhor pode utilizá-lo para obter perfeição em todas as esferas de sua vida. Institua um sistema PREÇO para perder peso ou correr. Instale um deles para as tarefas que seus filhos têm a cumprir e para obter notas na escola. Se envolver a família, pode transformar uma decisão tomada na véspera do Ano-Novo numa realidade, em vez de mais outra promessa não cumprida feita a si mesmo e aos demais.

— E me dá outra maneira de pegar o que sei sobre a Gerência-Minuto e realmente colocar em funcionamento de forma organizada — observou o gerente veterano.

— O sistema tem sido realmente a chave para o nosso desempenho — garantiu Alice.

— Já lhe aconteceu encontrar alguém que resista a pagar o PREÇO? — perguntou o veterano.

— Por que não pede ao Gerente-Minuto que lhe conte a história de Hank? — sorriu Alice, levantando-se e levando o veterano até a porta.

— Sim, acho que já tomei demais de seu tempo — disse o veterano. — Achei tudo o que me disse muito prático e estou grato por sua generosidade em compartilhar comigo seus segredos.

— Eles são segredos — respondeu Alice — apenas porque as pessoas agem como se nunca tivessem ouvido falar neles. Na verdade, são apenas bom senso posto em uso.

VOLTANDO AO gabinete do Gerente-Minuto, o veterano reconheceu, espantado, o quanto de verdade havia naquelas palavras — o bom senso posto em uso.

Ao chegar ao gabinete, foi recebido com um sorriso cordial.

— O PREÇO é o certo, não? — perguntou com uma gargalhada o Gerente-Minuto.

— Claro que é — respondeu o veterano. — Faz realmente sentido, mas tenho uma pergunta a fazer. Quem é Hank?

O Gerente-Minuto começou a rir.

— Eu achava que era apenas uma questão de tempo, antes que alguém lhe falasse de Hank. Sente-se, por favor, e vou-lhe contar tudo a respeito de Hank. Quando vim trabalhar aqui, ouvi falar a respeito de Hank, pela primeira vez, por intermédio de Steve Mulvany, um consultor de melhoramento de produtividade que trabalhara para nossa companhia. Disse-me Steve: "Cuidado com Hank quando começar a treinar os capatazes em Gerência-Minuto. Ele é um cara duro." Fiquei com a impressão de que converter Hank à Gerência-Minuto seria mais ou menos como convencer um rinoceronte, em plena carga, a repensar sua estratégia.

"Histórias sobre Hank corriam por toda parte. No seu tempo, ele era quase uma lenda. Disseram-me, por exemplo, que certa manhã ele ficou tão furioso com um de seus subordinados que literalmente (conferi mais tarde essa história com Hank e ele a confirmou) levantou-o do chão e pregou-o pelo macacão num prego na parede, onde o deixou até a hora do almoço.

— Ora, como é que uma pessoa pode fazer uma coisa dessas? — perguntou o veterano.

— Hank tem 1,75m de altura por 1,75m de largura e é forte como um touro — explicou o Gerente-Minuto. — Quando ele se senta à cabeceira de nossa mesa de reunião, de 75cm de largura, é quase tão largo como ela. Possui braços da grossura de minhas coxas. A cabeça descansa em cima dos ombros como se ele, literalmente, não tivesse pescoço.

— Ele não me parece um ser humano lá muito atraente — comentou o veterano.

— Não, ele não é, ou pelo menos não era — disse o Gerente-Minuto. — Tinha olhos injetados de sangue, uma voz rabugenta de velho e andava como um urso à cata de uma presa.

"— Conheci Hank — continuou o Gerente-Minuto — numa sessão de treinamento. Quando vim trabalhar aqui e comecei a implantar a Gerência-Minuto, encarreguei-me no início de quase todo o treinamento. Cheguei cedo à sessão e foi nessa ocasião que o conheci. Enquanto arrumava o material de treinamento na frente do auditório, tive de repente a impressão de que alguém me observava. Virei-me e lá estava Hank, sentado isolado no fundo da sala.

— Como foi que o senhor soube que era ele? — perguntou o veterano.

— Eu simplesmente tive certeza — retrucou o Gerente-Minuto. — Especialmente, quando não recebi resposta alguma ao meu sorriso. Sentia simplesmente os olhos dele, como uma verruma, perfurando-me.

— O que foi que o senhor disse? — perguntou o veterano. — Tenho a impressão de estar assistindo a outra novela de televisão.

— Nada, na ocasião — respondeu o Gerente-Minuto. — Mas sabia que ele estava observando todos os meus movimentos. Pelo menos, eu sentia que ele estava. Quando iniciei a exposição, ele permaneceu tranqüilo em seu lugar até que eu disse: "Uma das melhores maneiras de vocês motivarem seus subordinados é surpreendê-los fazendo alguma coisa certa. Quando isso acontecer", perguntei, "o que é que vocês devem fazer, como chefes?" Todos disseram que deviam recompensá-los ou elogiá-los, todos menos Hank.

— Como foi que o senhor soube que ele não concordava com suas palavras? — perguntou o gerente veterano.

— Hank ergueu a mão — contou o Gerente-Minuto — e pensei com meus botões: "Bem, acabou o espetáculo. Arrume suas coisas." Ele disse: "Eu gostaria de dizer alguma coisa", ao que respondi: "Pois não."

"— Quero simplesmente que o senhor saiba que uso castigo e que isso funciona — disse Hank.

"— Olhei para ele e pensei: 'Aposto que funciona, mesmo.' O que podemos dizer a uma pessoa como Hank? Ele poderia ter dito que o céu era verde e eu teria concordado imediatamente que era, mesmo.

"— Quando recuperei a calma, disse: 'Isso é interessante, Hank. Você gostaria de contar ao grupo os prós do Castigo?'

"— Ele respondeu: 'Claro! São três: É fácil. É rápido. Faz com que eu me sinta bem.'

"— Olhando para o tamanho dele, disse a mim mesmo: 'Aposto que, no seu caso, funciona.' Mas disse: 'Se esses são os prós, Hank, haverá por acaso alguns contras ao emprego de excesso de castigo?'

"— Hank sorriu e respondeu: 'Não consigo pensar em nenhum.'

"— Ao que eu disse: 'Posso pensar em três áreas que podem ser afetadas por excesso de punição: as taxas de eficiência, a assiduidade e a rotatividade de pessoal.'

"— Hank olhou-me fixamente, porque sabia no que eu estava pensando. Ele apresentava as mais baixas taxas de eficiência de toda a fábrica. Bem, ele sabia disso e eu ouvira também as desculpas que dava: 'Eu dirijo o departamento mais difícil' e 'Trabalho no segundo turno e todo mundo sabe que, tradicionalmente, os segundos turnos apresentam a produtividade mais baixa.'

"— Assiduidade. Vinte por cento do pessoal de Hank faltavam habitualmente ao trabalho, de modo que, na maioria dos dias, ele só contava com oito em cada 10 empregados. A turma do departamento de pessoal dizia, em tom de brincadeira, que, sem o departamento de Hank, teriam que dispensar um funcionário, por não ter o que fazer. O pessoal vivia muito ocupado todos os dias, processando pedidos de transferência, demitindo ou contratando gente para o departamento dele.

"— Rotatividade de pessoal. A do departamento dele era a mais alta da fábrica. Mas eu o ouvira dizer: 'Eu dirijo o pior departamento e todos querem se transferir para outra função.'

"— Logo que compreendeu que eu o estava enredando, Hank disse: 'OK, chefe. O que o senhor espera que eu faça de modo diferente com os vagabundos que tenho? Eles só trabalham para comprar bebida. E, além do mais, não gosto deles nem eles gostam de mim.'

"— Eu disse: 'Hank, sei que você provavelmente pensa que estas sessões são uma perda de tempo. Mas está disposto a me dar uma oportunidade?'

"— Ok! — disse Hank. — Mas não estou contando com coisa alguma.

— Depois de falar sobre a necessidade de iniciar qualquer programa de melhoramento de desempenho com o equacionamento do problema e de registrar o desempenho corrente, falei da importância de uma folha diária impressa por computador para acompanhar o progresso e proporcionar retroalimentação ao pessoal. O senhor compreende, em nosso tipo de operação os capatazes recebem boas informações de desempenho.

— Enquanto o senhor falava, o que era que Hank fazia? — perguntou o gerente veterano.

— Ficou simplesmente no seu lugar, de braços cruzados — disse o Gerente-Minuto. — Não havia nenhuma expressão em seu rosto. Depois da reunião, com grande surpresa minha, Hank aproximou-se de mim e disse: "Acho que este troço todo é provavelmente inútil, mas eu gostaria de elevar minha taxa de eficiência. Tem alguma boa idéia?"

"— Todos os dias o senhor vai receber uma folha impressa por computador relativa à eficiência de todas suas máquinas no dia anterior — respondi. — Uma vez que tem um homem por operação de máquina, essa informação lhe dirá o que cada um de seus subordinados está fazendo. Tudo o que quero é que faça um gráfico para cada um e, no começo de todas as manhãs, preencha as classificações de eficiência dos gráficos e, em seguida, circule, mostrando a cada um dos empregados qual a eficiência dele no dia anterior. Isso é tudo o que quero que faça.

"— OK — disse Hank. — Vou experimentar isso, mesmo que não ache que vá funcionar.

— Na manhã seguinte, desci para ver o que havia acontecido — continuou o Gerente-Minuto. — Hank recebeu a folha impressa pelo computador, transferiu a informação para gráficos relativos a todos seus subordinados, dirigiu-se ao primeiro cara e disse: "Escute, não me venha com tolices a respeito destes números. Simplesmente, olhe para eles." E mostrou ao cara a classificação de eficiência.

"— Pensei que aquilo iria ser um desastre, de modo que disse a Hank: 'Simplesmente mostre a ele o número e não diga mais coisa alguma. Ou então, apenas: 'Você teve uma eficiência de 86 por cento ontem, você marcou 94 por cento, você obteve 75 por cento.'

"— Quando ele disse ao cara seguinte: 'Você teve 83 por cento de eficiência ontem', o cara respondeu: 'Hank, saia daqui e fique longe de mim. Nós vamos telefonar para o sindicato. Acabe com essa história. Deixe a gente em paz. Você nos deixou, durante anos, a menos que a gente fizesse algo errado, de modo que, simplesmente, dê o fora.'

"— Hank me disse: 'Eu lhe falei que eles não gostavam de mim.' Respondi que ele continuasse a tentar.

"— Hank continuou a mostrar ao pessoal suas classificações de eficiência, mesmo que eles o andassem tratando mal e nem mesmo olhassem para os gráficos. Então, depois de uns quatro dias, notei que começavam a olhar quando ele aparecia para lhes mostrar os escores. Começavam a olhar para os gráficos porque começavam a receber retroalimentação e podiam comparar o que haviam feito ontem com o que tinham conseguido no dia anterior e na antevéspera.

— E as comparações eram com eles próprios, não com os outros caras — interrompeu o gerente veterano.

— Isso mesmo — confirmou o Gerente-Minuto. — Achamos que é mais construtivo fazer com que as pessoas entrem em competição consigo mesmas e com um padrão de desempenho do que umas com as outras.

— O que foi que aconteceu em seguida? — perguntou o veterano, ansioso para que o Gerente-Minuto voltasse à história de Hank.

— Hank disse ao seu pessoal: 'Escutem aqui, caras, estou ficando cheio e cansado de dar retroalimentação a vocês todos. A partir de agora, se um cara alcançar uma eficiência de 85 por cento ou mais, eu venho e digo a ele. Mas o cara que não atingir esse índice não merece conversar comigo.'

— Deixe-me ver se consigo encaixar esta história no sistema PREÇO — pediu o veterano. — Quando Hank disse que queria aumentar a eficiência, ele estava precisando o problema, isolando-o. Esse é o "P". Quando fez os gráficos com base na informação do computador, ele passou ao "R", de registrar. E quando começou a mostrar ao pessoal as classificações de eficiência, no princípio, ele os envolvia, mesmo que o fizesse de forma um tanto autocrática. Esse era o "E". Em seguida, resolvendo conversar apenas com pessoas que tivessem uma eficiência de 85 por cento ou mais, parece que Hank estava começando a administrar as conseqüências e a conduzir. Isto é, o "C". E essa decisão foi tomada em seu próprio tipo de sessão de orçamentação, ou avaliação, de resultados: o "O".

— Exatamente! — exclamou o Gerente-Minuto. — O senhor realmente aprendeu rápido o sistema PREÇO, não?

— Gosto principalmente da simplicidade de tudo isso — disse o veterano.

— Foi engraçado ver Hank — continuou o Gerente-Minuto — dirigir-se para um cara, verificar que a classificação de eficiência dele era de menos de 85 por cento, e passar por ele sem lhe mostrar o gráfico nem lhe dirigir a palavra. A expressão no rosto do indivíduo era engraçadíssima. Comportava-se como se Hank lhe houvesse dado uma punhalada.

— Aposto que, antes de muito tempo, todo mundo estava superando os 85 por cento de eficiência — aventurou o veterano.

— Pode jurar que sim — disse o Gerente-Minuto. — Depois de uma semana, mais ou menos,

Hank reuniu todo o pessoal. Disse a eles: "Noventa e cinco por cento de eficiência ou nem chego perto da máquina de vocês." Foi espantosa a maneira como subiram os escores de eficiência.

— Isso é impressionante, considerando que tudo o que Hank deu a eles foi informação — comentou o veterano.

— Exatamente — confirmou o Gerente-Minuto. — Ele não disse ao pessoal que estavam indo bem. Nem que estavam indo mal. O simples fato de Hank aproximar-se das máquinas que operavam era importante para eles. Ele continuou a fazer isso durante algum tempo. Depois de um mês, mais ou menos, entregou a cada um dos subordinados seu próprio gráfico e deixou de ir até as máquinas deles, mas deixava a página impressa pelo computador em sua própria mesa. E lhe juro que, na pausa do recreio, nove em cada dez dos caras corriam até a mesa, viam o que tinham conseguido e voltavam para anotar seus gráficos.

"— Em seguida, ele começou a fazer um círculo vermelho em torno da marca de 95 por cento. O senhor pode acreditar nisso? Um bocado de caras duros e intransigentes como aqueles conversando sobre quem havia recebido um círculo vermelho naquele dia. Achavam que era algo realmente especial conseguir um círculo vermelho.

— E o que estava acontecendo com o desempenho no departamento de Hank durante todo esse tempo? — perguntou o gerente veterano.

— No gráfico, estava subindo como uma nave espacial — respondeu o Gerente-Minuto. — Simultaneamente, reduziam-se também as ausências e os atrasos ao trabalho. Os outros capatazes não podiam acreditar nisso. Acharam que Hank estava falsificando os dados. Eu sabia que não estava, porque fiscalizava os dados o tempo todo.

— O que foi que ele fez em seguida? — quis saber o veterano.

— Certo dia — continuou o Gerente-Minuto — ele reuniu todo seu pessoal e disse: "Vocês, caras, aumentaram realmente sua eficiência. Vou dizer a vocês o que pretendo fazer. Minha mulher faz o melhor pão de abóbora que alguém jamais comeu, de modo que se todos os caras deste departamento atingirem 100 por cento hoje, vou dizer a ela que amanhã traga um pão de abóbora para todo mundo aqui, na hora do almoço."

"— Eu não estive na reunião, mas ouvi falar nela através da rede subterrânea de fofocas. Fui procurá-lo. Disse: 'Hank, pão de abóbora como motivador? Não vai funcionar.' Ele respondeu: 'Isso é o que o senhor pensa. Deixe que eu experimente.' E eu: 'Hank, você pode fazer tudo o que quiser...' como se eu pudesse detê-lo.

— Hank nem mesmo saiu de seu canto para observar o pessoal — continuou o Gerente-Minuto. — Eles mesmo se fiscalizaram. Dando um exemplo, se alguém deixava a máquina para apanhar alguma coisa ou fazer alguma coisa, um ou outro cara gritava: "Ei, para onde é que você vai? Volte para o trabalho."

— E todo mundo conseguiu 100% de eficiência? — perguntou o gerente veterano.

— Claro — disse o Gerente-Minuto. — Nenhuma exceção. De modo que, no dia seguinte, a esposa de Hank trouxe uma cesta cheia de pães de abóbora. Nunca se viu comida desaparecer tão depressa. O pessoal adorou o pão.

"— Achei aquilo uma grande idéia e tentei fazer o mesmo em todos os departamentos.

"— Chamei meus auxiliares principais e disse que pagaria o almoço no dia seguinte de todo o departamento que conseguisse 100 por cento de eficiência num determinado dia.

— O que foi que seu pessoal pensou? — perguntou o veterano.

— Todos acharam que era uma grande idéia — disse o Gerente-Minuto. — Mandamos imprimir estes pequenos cupons, que os empregados poderiam usar no "ônibus das baratas".

— Ônibus das baratas? — estranhou o gerente veterano.

— Esse é o nome carinhoso do caminhão de comida que faz a ronda pelas fábricas, vendendo todo tipo de guloseimas — explicou o Gerente-Minuto. — Nosso pessoal, com freqüência, espera para almoçar até a chegada do caminhão.

"— Embora eu pensasse que meu plano era uma boa idéia, a decolagem dele foi como a de um balão de chumbo. Para dizer a verdade, o pessoal ficou hostil. Diziam coisas assim: 'Isso é ridículo! Querem que a gente dê mais 500 dólares de produtividade em troca de um cupom de comida de dois dólares. Isso é um insulto a nós.'

— O que foi que aconteceu? — perguntou o gerente veterano.

— Fiquei confuso — confessou o Gerente-Minuto — de modo que pedi a Hank que viesse me falar.

— De modo que Hank é agora consultor da alta administração da empresa — sorriu o veterano.

— Precisei de coragem para reconhecer que precisava de conselhos de Hank — admitiu o Gerente-Minuto.

— O que Hank pensava do programa? — quis saber o veterano.

— Ele resolvera não aceitar o programa de cupons — disse o Gerente-Minuto. — Na verdade, ele era um dos líderes da revolta. Era esse o motivo pelo qual eu queria falar com ele... a fim de descobrir por que não queria participar.

"— Quando ele chegou ao meu gabinete, perguntei-lhe: 'Por que você não topou o programa de cupons?'

"— Hank inclinou-se para mim, enfiou o dedo no meu rosto e respondeu: 'O senhor tentou subornar os empregados. Ofereceu a eles dois dólares no ônibus das baratas para aumentar a produtividade. Quero lhe dizer como eu e os homens nos sentimos a respeito disso. Estamos danados da vida. Nós nos sentimos usados e insultados.'

"— Depois, tirou o dedo de meu rosto, fez uma pausa e olhou dentro de meus olhos durante o que pareceu um momento interminável. 'Vou dizer mais uma coisa ao senhor', continuou Hank, quebrando o silêncio. 'O senhor é competente. O senhor fez um grande trabalho botando a Gerência-Minuto para funcionar aqui. E achamos que o senhor é muito superior a esse troço de suborno.' Em seguida, Hank sorriu e disse: 'Que tal isso como Repreensão-Minuto?'

"— Devo reconhecer que estar no lado que recebe uma repreensão de um homem como Hank não foi a experiência mais agradável que já tive — confessou o Gerente-Minuto.

"— Depois que recuperei a compostura, disse a ele: 'Reconheço que cometi um erro, mas o que fiz diferente do que você fez com o pão de abóbora?'

"— Minha mulher fez o pão de abóbora — disse Hank. — Eu fui comprar os ingredientes e ela fez os pães. Nós nos esforçamos. O senhor nos ofereceu dois dólares para usarmos no ônibus das baratas. Aquilo foi um insulto e um suborno.

"— De modo que meu cupom de almoço — perguntei — foi insultuoso porque não teve caráter pessoal e não implicou qualquer comprometimento emocional de minha parte?

"— Exatamente — confirmou Hank. — O senhor realizou um trabalho fantástico aqui, instituindo seus conceitos de Gerência-Minuto e ensinando-nos o ABC. A maioria de nós está disposta a pagar o PREÇO para conseguir bom desempenho. As pessoas que trabalham para o senhor são vencedoras e não deve tentar tomar a bola deles. E nem tente reforçar os estímulos, de cima, com ninharias.

"— Entendo o que quer dizer, Hank — respondi — e quero lhe agradecer por sua honestidade.

"— Tudo bem — disse Hank. — Aprendi um bocado aqui e não há motivo por que não possa ajudá-lo a aprender, também.

"— Nós dois sorrimos e trocamos um aperto de mãos.

— Hank* é mesmo um cara fora de série, não? — comentou o veterano.

— Quanto a isso, nenhuma dúvida — disse o Gerente-Minuto. — Foram pessoas como ele que fizeram com que nossos esforços aqui valessem a pena.

— E ele me ensinou também a colocar em perspectiva humana as coisas que aprendi aqui — acrescentou o veterano. — E, falando nas coisas que aprendi, eu gostaria de sumariá-las para o senhor. Quero ter certeza de que entendi bem a coisa.

— Vá em frente — disse o Gerente-Minuto.

---

* A história de Hank baseia-se numa pessoa real. Ele representa as características de muitos dos supervisores (chefes de serviço) notáveis com quem trabalhamos ao longo dos anos. Steve Mulvany, presidente da Management Tools, Inc., de Orange, Califórnia, concebeu a história ao tempo em que Bob Lorber era presidente e Steve vice-presidente graduado da PSI, uma companhia que se encarregava de um projeto de aumento de produtividade na fábrica de Hank. Steve supervisionou o projeto e desde então, imortalizou Hank como "Sid" em seus seminários e palestras por todo o mundo.

EM PRIMEIRO lugar, esclareci algumas dúvidas que persistiam sobre os três segredos da Gerência-Minuto: Estabelecimento de Objetivos-Minuto, Elogios-Minuto e Repreensões-Minuto — lembrou o gerente veterano. Em segundo, aprendi que o ABC da Gerência (os Ativadores, o resultante Bom Desempenho, e as Conseqüências apropriadas) ajuda a escalonar esses segredos de uma maneira que os torna utilizáveis. Em terceiro, o Sistema PREÇO deu-me um bom domínio da maneira de pôr o Gerente-Minuto a atuar de uma forma sistemática que pode ser compartilhada com todos. Transforma os segredos em perícias e leva a aplicação da Gerência-Minuto além de indivíduos, alinhando grupos de trabalho e a empresa como um todo.

O Gerente-Minuto sorriu enquanto escutava o veterano falar. Adorava ver o entusiasmo que a aprendizagem de coisas novas despertava em pessoas.

— Parece que o senhor entendeu tudo, perfeitamente — comentou.

— Acho que sim — concordou o veterano. — Não sei como lhe agradecer por ter compartilhado comigo tudo o que o senhor sabe e aprendeu sobre administração.

— O prazer foi meu — garantiu-lhe o Gerente-Minuto. — Todo esse conhecimento precisa ser difundido. Mas quero deixar com o senhor um último pensamento. A melhor maneira de aprender a ser um Gerente-Minuto e de usar o que aprendeu, consiste em começar a aplicá-lo. O importante não é que o senhor faça a coisa certa, mas que comece a fazê-la. Temos uma máxima aqui:

*

Qualquer Coisa
que Valha a Pena Fazer
Não Tem que
Necessariamente
Ser Perfeita —
em Princípio

*

— É verdade — disse o veterano. — Estou realmente comprometido a agir dessa maneira.

— Não é com seu comprometimento que me preocupo — disse o Gerente-Minuto. — É com seu compromisso com seu compromisso. As pessoas, por exemplo, dizem que dietas não funcionam. Elas funcionam perfeitamente... São as pessoas que não funcionam. Rompem seu compromisso com o compromisso de perder peso. Não quero que o senhor faça isso, ao pôr em ação o Gerente-Minuto.

— O que o senhor está dizendo confere sentido ao que me disse um amigo meu — lembrou o veterano. — Disse que eu devia desistir de tentar fazer alguma coisa. Devia fazê-la, ou não.

— Era justamente aí que eu estava querendo chegar — concordou o Gerente-Minuto. — Dando um exemplo, o senhor poderia tentar pegar aquela caneta na escrivaninha?

O veterano foi até a escrivaninha e pegou a caneta.

— Eu disse ao senhor que tentasse pegar a caneta. Não que a pegasse — corrigiu-o o Gerente-Minuto.

O veterano sorriu.

— O senhor compreendeu — observou o Gerente-Minuto. — Ou o senhor vai fazer alguma coisa ou não vai. Dizer "Vou tentar" simplesmente trará a primeiro plano todos seus hábitos passados, com o resultado de que não fará a coisa.

— Obrigado por esse conselho final — disse o veterano. — Eu certamente não quero ser igual àquele cara pendurado num ramo, na encosta da montanha, berrando: “Há mais alguém aí em cima?” — Com essas palavras, o veterano levantou-se e estendeu a mão ao Gerente-Minuto. — Eu vou fazer — disse com sinceridade.

AO DEIXAR o gabinete do Gerente-Minuto, o veterano estava muito animado para implementar o que acabara de aprender. Estava comprometido com seu compromisso.

No dia seguinte, começou a fazer exatamente isso. Não esperou até que pudesse fazer exatamente certo tudo o que aprendera. Sabia que, se esperasse, jamais começaria, de modo que contou a todo seu pessoal tudo o que descobrira e eles, por seu turno, transmitiram o que aprenderam a seus subordinados. Todos se apoiaram mutuamente no esforço de pôr em prática os princípios da Gerência-Minuto.

Trabalhando com seu pessoal, o gerente veterano descobriu que quatro sistemas precisavam ser integrados a fim de conseguir resultados da Gerência-Minuto. Os empregados precisavam saber: o que era solicitado que fizessem (sistema de prestação de contas); o que vinha a ser o bom comportamento (sistema de dados de desempenho); como estavam se desincumbindo de suas tarefas (sistema de retroalimentação); o que colheriam pelo bom desempenho (sistema de reconhecimento).

Logo, todos os funcionários da organização do gerente veterano iniciaram projetos PREÇO relativos a todos os Objetivos-Minuto. Os objetivos em si *precisavam* as áreas de interesse. O desempenho corrente em cada um desses objetivos era *registrado*. Todos os empregados eram *envolvidos* na fixação de objetivos, bem como na elaboração das estratégias de conduta e aconselhamento. Começava então o processo de *condução*. Os gerentes (chefes) tornavam-se sensíveis às necessidades de supervisão de seus funcionários. Todos queriam que todos vencessem. Ao chegar o momento de *orçar*, ou avaliar, o progresso obtido era passado em revista e estabelecidos novos objetivos.

Antes de muito tempo, aconteceu o inevitável:

O GERENTE VETERANO CONSEGUIU PÔR O GERENTE-MINUTO EM AÇÃO E ISTO PRODUZIU UMA GRANDE DIFERENÇA

O pessoal não só se sentiu melhor, como desempenhou melhor suas funções. E, mais importante que tudo, pôr o Gerente-Minuto em ação fez uma diferença onde realmente ela contava — na rentabilidade da empresa na Demonstração de Lucros e Perdas. Aumentou a produção, elevou a qualidade, as vendas dispararam para as alturas e a retenção do pessoal na empresa e as taxas de comparecimento de empregados ao trabalho superaram as de todas as companhias da área.

Em toda parte aonde ia, o gerente veterano repartia com os demais o que aprendera. A Gerência-Minuto logo se tornou conhecida como **Teoria W.** Explicava o Gerente-Minuto: "Vocês podem ficar com suas Teoria X, Teoria Y, e Teoria Z. Denominamos a Gerência-Minuto de **Teoria W,** porque ela funciona."

Chegando a qualquer departamento da empresa, o gerente veterano sempre dizia às pessoas que haviam aprendido a pôr em ação o Gerente-Minuto...

*

Mantenha o Compromisso
com
Seu Compromisso
e
Compartilhe-o com os Demais

*

Elogios a Conceitos

Gostaríamos de agradecer, e elogiar publicamente, às pessoas abaixo, cujas contribuições conceituais foram extremamente valiosas para nós durante a preparação deste livro:

David Berlo, pela sua ponderada análise do motivo por que organizações não são bons lugares para a pessoa estar.

Tom Connellan, *Aubrey Daniels* e *Larry Miller*, pelo muito que nos ensinaram sobre aumento da produtividade.

Werner Erhard, pelos seus ensinamentos sobre como tornar a vida digna de ser vivida e sobre manutenção de compromissos.

Paul Hersey, por sua criatividade e capacidade de integrar a ciência do comportamento aplicada.

Spencer Johnson, por ligar o conceito do Gerente-Minuto a elogios e repreensões.

Fred Luthans e *Robert Kreitner*, pela primeira conceituação do *ABC*.

David McClelland, pelo seu trabalho pioneiro sobre motivação para a realização.

Gerald Nelson, por desenvolver a Advertência — Minuto, precursora da Repreensão — Minuto.

George Odiorne, por seu trabalho na fixação de objetivos e pela "armadilha da atividade".

B. F. Skinner, pelo seu trabalho clássico no tocante à teoria do reforço.

Rick Tate, por ter cunhado a frase "A Retroalimentação É o Desjejum dos Campeões".

Elogios Pessoais

Gostaríamos de louvar publicamente algumas pessoas importantes, que nos influenciaram e apoiaram em nossas vidas.

Ken Blanchard gostaria de elogiar:

Spencer Johnson, meu co-autor de *O Gerente-Minuto*, colaborador, mentor editorial e amigo.

Kelsey Tyson, pelo *marketing* criativo da versão original de *O Gerente-Minuto*, dedicação incansável e fiel amizade.

Margaret McBride, agente literária, amiga, mediadora e apoio constante.

Todo o pessoal da William Morrow and Company, Inc., em especial *Pat Golbitz* e *Larry Hughes*, que acreditaram em Spencer, em mim e no *O Gerente-Minuto* e *Al Marchioni* e seus auxiliares, pela distribuição e venda do livro.

Os altos executivos seguintes que em mim acreditaram e no *O Gerente-Minuto* e nos deram o tipo de apoio que ajudou a transformar em realidade o sonho de escrever um sucesso de livraria:

Roy Anderson	Dave Hanna	Bud Robinson
Rhett Butler	David Jones	Mike Rose
Jim DeLapa	Lou Neeb	Don Smith
Bob Davis	Ernie Renaud	Jere Thompson

Michael e *Nina Shandler*, dois autores e treinadores muito talentosos que, literalmente, conviveram com o manuscrito nas fases de versões intermediárias, trabalhando comigo, ajudando este livro a mudar do que era um bom livro para o que penso que é um "super" livro.

Ken Haff, Laurie Hawkins, Drea Zigarmi, Pat Zigarmi, colegas e amigos, pelo amor e apoio de todas as horas e pela útil retroalimentação.

Paul Hersey, que serviu como mentor, amigo, pai e irmão — tudo ao mesmo tempo.

Eleanor Terndrup, talentosa secretária e segunda mãe. Do começo ao fim do manuscrito, Eleanor sempre fez mais do que seu dever.

Bernadette McDonald, pela dedicação infalível e compromisso com trabalho de qualidade. Sem sua habilidade como datilógrafa e secretária, este livro jamais se teria tornado uma realidade.

Lynette Grage, por preocupar-se com a fonte de onde viria o dinheiro para custear todos os meus sonhos.

Regina Rule, Pat Nekervis, e *Donna Hagen*, pelo trabalho árduo e constante e cuidados especiais com *O Gerente-Minuto*.

E, por último, agradecimentos especiais a minha mãe e pai, Dorothy e Ted Blanchard. Ela foi uma inspiração constante e alegria em toda minha vida, mas especialmente após o falecimento de meu pai. Embora ele não tenha estado presente para compartilhar do fenômeno que foi *O Gerente-Minuto,* eu tenho sentido seu apoio.

Bob Lorber gostaria de elogiar:

Gordon Anderson, por ter-me dado a oportunidade de fundar a Productivity Implementation Company e por me haver ensinado que os Estados Unidos são apenas uma das partes do mundo.

Linda Belton, pela lealdade e competência extraordinária como assistente durante os muitos anos de implementação da produtividade.

Gene Bryan, por ter tornado o computador uma coisa viva e transformado em realidade a gerência computadorizada. E por ser co-autor em nosso novo livro *The Profit Gap*.

Fred Chaney, por ter servido de mentor e ter-me dado a oportunidade de fundar e construir a Performance Systems Improvement (PSI).

Bob Elliot, por assumir um risco, acreditar em mim e deixar que eu implementasse pessoalmente o nosso programa de aumento de produtividade.

Ethan Jackson, por excepcional aconselhamento empresarial e pessoal e amizade incondicional. E por dar o modelo do equilíbrio fundamental entre família e negócios e abrir meus olhos para o lado espiritual da vida.

Kef Kamai, por ser sócio, amigo e *compadre* e orientar-me a atenção para a saúde e aptidão física. E também por ser padrinho de Tracie e estar sempre presente nos momentos necessários.

Larry Miller, colega e amigo de valor inapreciável. E por ser meu sócio na Costa Leste em nosso empreendimento de aperfeiçoamento da produtividade.

Jim Morrell, por orientação, amizade e influência ao longo de minha carreira.

Pat Murray, sócio em planejamento, formação de equipes de alta administração, solução de crises e ensino do pleno significado da integridade.

Bud Ogden, por abrir o mundo da indústria do carvão e toda a sua beleza, durezas, pessoas de carne e osso, e pelas grandes oportunidades que pessoalmente proporcionou.

Mark Rosen, por ter sido o primeiro colega em implementação de produtividade e pelos muitos anos de irmão e amigo.

Carl Samuels, por amor, conselho e franqueza altruísticos.

Donna Sillman, pela ajuda à minha pessoa e a Ken na editoração da primeira versão do livro e por ter permanecido na Califórnia a fim de auxiliar na formação da nova companhia de ambos.

Fran Tarkenton, por energia, inspiração e contribuições ao campo de aumento da produtividade.

Ed Winguth, por ter sempre acreditado em mim e pela ajuda sempre presente em complexas decisões de carreira.

E um agradecimento extra à minha mãe e meu pai, Rose e Jules Lorber, que sempre me compreenderam, apoiaram, deram amor e praticaram os princípios expostos neste livro.

Sobre os Autores

O **Dr. Kenneth H. Blanchard**, co-autor dos conceitos de O Gerente-Minuto e Liderança Situacional, é escritor, educador e consultor/instrutor internacionalmente conhecido e professor de Liderança e Comportamento Organizacional na Universidade de Massachusetts, Amherst. Tem numerosos trabalhos publicados nos campos de liderança, motivação e orientação de mudança comportamental, incluindo o largamente usado e elogiado livro publicado pela Prentice-Hall, *Management of Organizational Behavior: Utilizing Human Resources*, em co-autoria com Paul Hersey e atualmente na sua quarta edição, e o *best-seller, O Gerente-Minuto*, publicado no Brasil pela Record, em co-autoria com Spencer Johnson, médico.

O Dr. Blanchard recebeu seu B.A. em Governo e Filosofia na Universidade de Cornell, o M.A. em Sociologia e Aconselhamento Psicológico na Universidade Colgate, e o Ph.D. em Administração de Empresas e Gerência na Universidade de Cornell.

Presidente do Conselho de Administração da Blanchard Training and Development, Inc., uma companhia de desenvolvimento de recursos humanos sediada em San Diego, o Dr. Blanchard já treinou mais de 50 mil gerentes e serviu como conselheiro de grande número de empresas e órgãos públicos. Suas idéias sobre administração foram adotadas por muitas das "500 Maiores Empresas", da revista *Fortune*, bem como por numerosas companhias novas e em rápido crescimento.

O **Dr. Robert L. Lorber**, perito internacionalmente conhecido e respeitado em melhoramento do desempenho humano, é presidente da RL Lorber and Associates, Inc., uma companhia que se especializa na elaboração e implementação de sistemas de aumento da produtividade, que tem sede em Orange, Califórnia.

O Dr. Lorber recebeu seus diplomas de B.A. e M.A. na Universidade da Califórnia e, em 1974, conquistou a láurea de Ph.D. em Ciência Aplicada do Comportamento e Psicologia Organizacional. Sua extensa bibliografia inclui *Effective Feedback: The Key to Engineering Performance, Managing Data vs. Gut Feeling, How to Implement Change: Supervise and Lead,* e *Productivity — in Five Intensive Lessons.*

Faz parte da diretoria da Escola de Administração de Empresas de Santa Clara, da diretoria do *Journal of Organizational Behavior Management*, e membro da The Presidents Association of the American Management Association, American Productivity Management Association, American Psychological Association, e Worlds Affairs Council.

O Dr. Lorber e sua empresa implantaram sistemas de aumento de produtividade em companhias pequenas e grandes, bem como em muitas das "500 Maiores Empresas", da revista *Fortune*, bem como no Oriente Médio, América do Sul, México, África, Europa e Canadá.

Impresso no Brasil pelo
Sistema Cameron da Divisão Gráfica da
DISTRIBUIDORA RECORD DE SERVIÇOS DE IMPRENSA S.A.
Rua Argentina 171 — 20921-380 Rio de Janeiro, RJ — Tel.: 585-2000